The Art of Being a Tiger

Selected Poems

Adamastor Series

Series Editor
Anna M. Klobucka

Editorial Board
Hilary Owen
Victoria Saramago
Richard Zenith

Chaos and Splendor & Other Essays
Eduardo Lourenço
Edited by Carlos Veloso

Producing Presences: Branching Out from Gumbrecht's Work
Edited by Victor K. Mendes and João Cezar de Castro Rocha

Sonnets and Other Poems
Luís de Camões
Translated by Richard Zenith

The Traveling Eye: Retrospection, Vision,
and Prophecy in the Portuguese Renaissance
Fernando Gil and Helder Macedo
Translated by K. David Jackson, Anna M. Klobucka,
Kenneth Krabbenhoft and Richard Zenith

The Sermon of Saint Anthony to the Fish and Other Texts
António Vieira
Introduction by Vincent Barletta
Translated by Gregory Rabassa

The Correspondence of Fradique Mendes: A Novel
José de Maria de Eça de Queirós
Translated by Gregory Rabassa

The Relic: A Novel
José de Maria de Eça de Queirós
Preface by Harold Bloom
Translated by Aubrey F. G. Bell

Maiden and Modest: A Renaissance Pastoral Romance
Bernardim Ribeiro
Foreword by Earl E. Fitz
Translated by Gregory Rabassa

Saint Christopher: A Novella
José de Maria de Eça de Queirós
Foreword by Carlos Reis
Translated by Gregory Rabassa and Earl E. Fitz

Exemplary Tales
Sophia de Mello Breyner Andresen
Introduction by Cláudia Pazos-Alonso
Translated by Alexis Levitin

Ualalapi: Fragments from the End of Empire
Ungulani Ba Ka Khosa
Foreword by Phillip Rothwell
Translated by Richard Bartlett and Isaura de Oliveira

The Art of Being a Tiger: Selected Poems
Ana Luísa Amaral
Foreword by Anna M. Klobucka
Translated by Margaret Jull Costa

Ana Luísa Amaral

The Art of Being a Tiger
Selected Poems

Translated from the Portuguese by Margaret Jull Costa
Foreword by Anna M. Klobucka

Tagus Press
UMass Dartmouth
Dartmouth, Massachusetts

*Tagus Press is the publishing arm
of the Center for Portuguese Studies and Culture
at the University of Massachusetts Dartmouth.*
Center Director: Victor K. Mendes

Adamastor Series 12
Tagus Press at UMass Dartmouth
www.portstudies.umassd.edu
Portuguese text © 2016 Ana Luísa Amaral; translation © 2016
Margaret Jull Costa; foreword © 2018 Anna M. Klobucka

Series Editor: Anna M. Klobucka
Executive Editor: Mario Pereira
Cover designed by Inês Sena

This edition of *The Art of Being a Tiger:
Poems by Ana Luísa Amaral* is published by arrangement with
Liverpool University Press, publisher of the 2016 first edition.

For all inquiries, please contact:
Tagus Press • Center for Portuguese Studies and Culture
UMass Dartmouth • 285 Old Westport Road
North Dartmouth MA 02747–2300
Tel. 508–999–8255 • Fax 508–999–9272
www.portstudies.umassd.edu

Library of Congress Control Number: 2018933801

ISBN: 978-1-933227-81-8

CONTENTS

From *What's in a Name* (2017)

FOREWORD
Ana Luísa Amaral's Art of Thereness
Anna M. Klobucka

In the first poem of her first published collection—which is also the poem that opens this anthology—Ana Luísa Amaral, today one of Portugal's most acclaimed writers, tiptoed into the sphere of public literary speech, as if hedging her bets. The space the poet was opening up for herself by declaring the plain fact of its existence—"I say: space"—came up for questioning straightaway. Was it really a space, a "proper space," or perhaps just "some recipe" (which in the original Portuguese sounds even more dismissive, almost like "any old recipe")? It was in that interval of cognitive and self-definitional ambivalence promoted to the status of a foundation that Amaral's lyric "syncopated self" lodged itself, electing the "no man's land" of the poem's title as its at once perilous and enabling dwelling. It is pertinent to observe here that the Portuguese expression Margaret Jull Costa translates idiomatically as "no man's land" is, in its original form, an ungendered "terra de ninguém" (no one's land). Amaral, a scholar of Anglo-American literature, who, at the time of the publication of *Minha Senhora de Quê* (Mistress of What), her 1990 poetic debut, was working on her doctoral dissertation on Emily Dickinson, and whose own verses dialogue with the legacy of second-wave feminist theory (on which more below), was likely mindful of the signifying potential that resides in the gap between the expression's Portuguese and English versions. Subtle maneuvers of gendering and ungendering have been, after all, among the most reliable implements in her poetic toolbox. This is what happens, for instance, with perfectly calibrated impact, in the closing verse of "Breakable Things," a poet's love poem as touching in its vulnerability as it is stunning in its self-aware mastery, where the "articles unknown" (visualized more mimetically in Portuguese as "artigos às escuras," or in the dark) are readable as markers of grammatical gender—a realization that coats the poem retroactively with a delicate layer of queering disquiet.

The simultaneously elusive and substantive presence of the beloved in "Breakable Things" is reminiscent of other instances in which Amaral's poetry foregrounds its play with referentiality. One such sphere is composed of her work's manifold intertextual engagements, which produce a complex gendered genealogy of literary influence that presents itself as uninherited, but is nonetheless affirmatively reclaimed. "No nymphs or muses"—as the eponymous poem has it—are said to guide the poet on her path, in a formulation that summons up the ghost of her country's national bard, Luís de Camões. These generic mythical helpmeets are more precisely pinpointed in Portuguese as "tágides," nymphs of the Tagus River, whose support for his poetic venture Camões enlists in the opening stanzas of his epic masterpiece, *The Lusiads* (1572). By contrast with Camões—who fashions himself as a follower of Virgil while claiming to surpass the example of the ancients—Amaral's poetic subject procures sustenance in sources definable in concrete terms only as a negation of the male lyric prerogatives embedded in the Western canon that her poem evokes: "No river no lyre / no female flood of nymphs." But the poet's counterbalancing and compensatory "force that comes from within" does merit a definition, too, however oblique. It is what has been inherited as the power of uninheritance ("o que herdei em força não herdada"), of dispossession, of unbelonging, an "inherent inherited force" in Costa's ingeniously alliterative rendering. This unauthorized, spurious legacy is claimed in Amaral's verses by way of sneaking around the edges of the Western tradition's master narratives, while assembling an ecology of writing whose hierarchy of values privileges scavenging, recycling, thrifty appropriation, and the use of reclaimed materials in the making of poetry.

This methodology of stealthy reclamation encompasses also Amaral's antecedents on Portuguese women's laborious trajectory of "coming to writing" or, rather, to canonical validation. The poet's self-inscription in this alternative lineage was announced in the very title of *Mistress of What*, which alluded to Maria Teresa Horta's 1971 volume *Minha Senhora de Mim* (Mistress of Myself). Horta's defiantly feminist poetry had been censored by the Portuguese authorities, spurring the author and her two co-conspirators, Maria Isabel Barreno and Maria Velho da Costa, to undertake the collective writing project of *New Portuguese Letters* (1972). This book, in turn, went on to become a classic of Portuguese herstory, as well as an international cause célèbre due to its suppression and the prosecution of the Three Marias (the authors' collective celebrity moniker) in Portugal, which provoked a prolonged and far-reaching campaign of second-wave feminist solidarity. Nineteen years after Horta's collection, Amaral—who two decades later would publish a state-of-the-art edition of *New Portuguese Letters* and lead a massive international project to map the book's global reception—at once paid tribute to the groundbreaking poetics and politics of Horta's *Mistress of Myself* and underscored the distinct positionality of her own literary persona. Epitomized by the title *Mistress of What*, Amaral's meticulous self-fashioning in her first foray into book-form publication assumed what we might cautiously label as a postfeminist stance. This label, despite remaining as loaded now as it already was around 1990, does account for the complex layering of references, tributes, caveats, and circumventions that combine to situate the writer, both epistemologically and ideologically, in a feminist time posterior to that represented in Portugal by *New Portuguese Letters* and the radical fervor of the 1974 Revolution of Carnations, and in the Anglo-American sphere by second-wave activism and the gynocritical landmarks of feminist literary and cultural theorizing of the 1970s and 1980s.

The latter framework is signalled by Amaral, for example, in the poem "Metamorphoses," with its allusion to what remains arguably the most momentous hermeneutical and herstorical allegory produced by the gynocritical enterprise, Sandra M. Gilbert and Susan Gubar's "madwoman in the attic":

> Other women were once
> shut up in attics,
> but I bustle around in the pantry,

       at home with the ham and the rice
       the detergents and the books.

The pantry is at the same time the poet's office and the magic space in which the sheets of paper, covered with writing and "gently cradle[d]" like a baby by the resurrected madwoman, exercise their superpower of, Cinderella-style, "chang[ing] the ham / into a royal coach!" If Amaral's rewriting of Horta's discourse of feminist assertion was readable as an oppositional gesture (albeit charged with a definitional rather than antagonistic intent), her similarly constrastive appropriation of the confined madwoman's exemplarity in "Metamorphoses" generates less obviously interpretable meanings. In addition to its reaching out toward an external reference, the poem picks up as well on an internal theme, initiated with "No One's Land" and recurrent throughout much of Amaral's oeuvre: a penetrating description, somewhere between autoethnography and ekphrasis, of the (usually domestic) space in which the writing of poetry happens—or doesn't happen, in the latter case often because of the interruptions generated by the domestic scene itself (whether related to childcare, kitchen work, or other distracting and compelling pressures of materiality and care). It also befits us to note the poem's transformation of the allegorized space of female creativity from the Anglo-American attic into the Portuguese pantry, filled with cooking and cleaning supplies that range from ham to rice to detergent. This site-specific materiality reappears in a different guise in "Intertextualities," in which the two "texts" whose interaction the poet chronicles are an unspecified borrowed book she is reading and a bread crumb found between its pages. As the poem makes clear, it is the bread crumb rather than the book's verbal matter that has the power to provoke a reflection on the dynamics of literary communication and relatability, and that becomes the means of actual "intertextual" exchange as the reader/writer removes it from the book and replaces it with a crumb from her own snack of bread for the benefit of the book's next reader.

    Amaral's early explorations of the material poetics of domesticity become less common in her later writing—reemerging occasionally in poems like the gorgeous "Incomparable Recipes"—but the principle of attentive thereness guiding the poet's eye and mind persists throughout her work. The nuanced, grainy, often politically fraught materiality of Amaral's poetic vision and engagement organizes projects such as the 2014 volume *Escuro* (Dark), which by means of a precisely focused intertextual dialogue with Fernando Pessoa—another of her country's literary giants—spins a large-scale tapestry of historical revisionism and critique of the present. Here, Pessoa's neo-imperial allegory of Europe—whose face staring into the westerly "future of the past" is Portugal—in the first poem of his *Message* (1935) is transformed in Amaral's "Europe (poem 2)" into a figure haunted by death, destruction, and the inability to face up to her legacy of beauty and horror. Much more like Walter Benjamin's petrified angel of history than Pessoa's languidly regal personification, Amaral's paralyzed Europe—which is the Europe of economic austerity and the refugee crisis, though these situational anchors remain implicit in the poem—is no longer capable of any vision or action: "All she can do is struggle, like a suffering dolphin / trapped in the net."

Against the grain of the appreciation elicited by the jewel-like, chiseled singularity of many of the poems in this collection, another way of reading Amaral's work is to approach it as a rhizomatically sprawling serial poem. While actual seriality of several of her collections becomes either entirely lost or severely truncated in the anthology format—as happens, for instance, with *A Génese do Amor* (The Genesis of Love), represented here by a single, introductory poem—on another level, internal connectivity of the verbal matter the poet puts into motion is enhanced by the cross-sectional sampling the format requires. This contingent, unstable seriality—in turn subject to rearrangement and reinvention in any single act of selective reading from the anthology—might just be the ideal framework to sustain and enhance Amaral's lyric demeanor of alert attentiveness to the particular that does not abdicate from large-scale responsibilities carried by the imperative of the universal. Such is the capacious receptivity of the poet's art of thereness, with its responsive capability always already disciplined by a poetics that is at once formally demanding and deeply idiosyncratic, and its artfulness always already in the process of yielding to the unpredictable pressures of the real.

FROM *MINHA SENHORA DE QUÊ*

(1990)

TERRA DE NINGUÉM

Digo: espaço
ou uma receita qualquer
que seja em vez

Um espaço a sério
ou terra de ninguém
que não me chega
o conquistado à custa
de silêncios, armários
e cebolas perturbantes

A síncopes de mim
construí um reduto mas não
chega: nele definham
borboletas e sonhos
e as mesmas cebolas em vício
se repetem

Digo espaço
ou receita qualquer
em vez de mim

NO MAN'S LAND

I say: space
or some recipe
to take its place

A proper space
a no man's land
because it's simply not big enough
the space conquered at the expense
of silences, wardrobes
and upsetting onions

My syncopated self
built a stronghold but
it's not enough: everything fades
butterflies and dreams
and even the onions viciously
repeat themselves

I say: space
or some recipe
to take my place

INTERTEXTUALIDADES

Microscópica quase,
uma migalha entre as folhas de um livro
que ando a ler.

Emprestaram-me o livro,
mas a migalha não.
No mistério mais essencial,
ela surgiu-me recatadamente
a meio de dois parágrafos solenes.
Embaraçou-me o pensamento,
quebrou-me o fio (já ténue) da leitura.
Sedutora, intrigante.

Fez-me pensar nos níveis que há de ler:
o assunto do livro
e a migalha-assunto do leitor.

(era pão a matéria consumida no meio
de dois parágrafos e os olhos
consumidos: virar a folha, duas linhas lidas
a intriga do tempo quando foi
e levantou-se a preparar o pão
voltando a outras linhas)

Fiquei com a migalha,
desconhecida oferta do leitor,
mas por jogo ou consumo
deixei-lhe uma migalha minha,
não marca de água, mas de pão também:
um tema posterior a decifrar mais tarde
em posterior leitura
alheia

INTERTEXTUALITIES

Almost microscopic,
a crumb left between the pages of a book
I happen to be reading.

Someone lent me the book,
but not the crumb.
Shrouded in deepest mystery,
it made its first shy appearance
between two solemn paragraphs,
It tangled my thoughts,
broke the (already tenuous) thread of my reading.
Seductive, intriguing.

It made me consider the different levels to be read:
the subject of the book
and the crumb-subject of the reader.

(someone had consumed a sandwich in between consuming
those two paragraphs with their eyes:
turn the page, read two lines
the plot thickens, just when did he or she
get up to make a sandwich
before returning to read the next few lines)

I was left with the crumb,
an unexpected gift from the reader,
but as a joke or as a possible snack,
I left a crumb of my own,
not a water mark, but a bread mark:
an alternative theme to be deciphered later
at a later reading
by someone else

PASSADO

Ah velha sebenta
em que escrevia as minhas composições de Francês
«Mes Vacances»: gostei muito das férias
je suis allée à la plage (com dois ee,
o verbo être pede concordância), j'ai beaucoup
nagé e depois terminava com o sol a pôr-se
no mar e ia ver gaivotas ao dicionário

As correcções a vermelho e o Passé Simple,
escrever cem vezes nous fûmes vous fûtes ils fûrent
as tardes de sol
e Madame Denise que dizia Toi ma petite
com ar de sargento e a cara zangada a fazer-se
vermelha (tenho glóbulos a mais, faites attention)
e o olhar que desmentia tudo
em ternura remplit

E as regras decoradas e as terminações
verbais ais, ais, ait
a hora de estudo extra e o sol de fim de tarde
a filtrar-se pelas carteiras,
a freira a vigiar distraída em salmos
eu a sonhar de livro aberto

once upon a time there was a little boy
e as equações de terceiro grau a uma
incógnita

Ah tardes claras em que era bom
ser boa, não era o santinho nem o rebuçado
era a palavra doce a afagar-me por dentro,

PAST

Ah, the old exercise book
in which I wrote my French compositions
'Mes Vacances': I enjoyed my holiday very much
je suis allée (with two e's,
because the verb être requires agreement) à la plage,
j'ai beaucoup nagé and then I concluded with the sun setting
over the sea and me looking up the word 'seagulls' in the dictionary

The corrections in red and the Passé Simple,
write out a hundred times nous fûme vous fûtes ils fûrent
the sunny afternoons
and Madame Denise who said Toi ma petite
looking like a sergeant-major, her angry face turning
bright red (I have high blood pressure, you know, so faites attention)
and her eyes that gave the lie to everything
remplit with tenderness

And the rules learned by heart and the endings
of the verbs ais, ais, ait
the extra study hour and the late afternoon sun
filtering in among the desks,
a nun keeping distracted watch, her head full of psalms
me dreaming over an open book

once upon a time there was a little boy
and the cubic equations in one
variable

Ah, bright afternoons when it was good
to be good, it wasn't the picture of the saint or the sweet I was eating
it was the sweet word warm inside me,

as batas todas brancas salpicadas de gouache
colorido e o cinto azul que eu trazia sempre largo
assim a cair de lado à espadachim

As escadas de madeira rangentes
ao compasso dos passos, sentidas ainda
à distância de vinte anos,
todas nós em submissa fila a responder à chamada,
"Presente" parecia-me então lógico e certo
como assistir à oração na capela e ler as Epístolas
(De São Paulo aos Coríntios:
Naquele tempo...),
tem uma voz bonita e lê tão bem, e depois
mandavam-me apertar o cinto para ficar
mais composta em cima do banquinho,
à direita do padre

E o fascínio das confissões,
as vozes sussurradas na fina teia de madeira
castanha a esconder uma falta,
o cheiro do chão encerado e da cera das velas
e quando deixei de acreditar em pecados
e comecei a achar que as palavras não prestam
e que era inútil
inútil a teia de madeira

Ah noites de insónia à distância de vinte anos,
once upon a time there was a little boy
and he went up on a journey
there was a little girl, une petite fille
e o passé simple, como parecia simples o passado

the white smocks spattered with colored paint
and the blue sash I always wore too long
worn slightly on one side like a swordsman

The wooden stairs creaking
in time to our footsteps, a sound I can still hear
twenty years on,
we girls in one submissive line responding to the call,
"Here" seemed to me then logical and right
like attending prayers in the chapel and reading the Epistles
(from St Paul to the Corinthians:
At that time…)
you have a lovely voice and you read so well, and then
they told me to tighten my sash so that I would look
more composed standing on the stool
to the right of the priest

And the fascination of confession,
the voices whispering through the fine wooden mesh
the chestnut wood concealing our faults,
the smell of the waxed floor and the wax from the candles
and when I stopped believing in sins
and began to think that words were no use
and that it was useless
quite useless the wooden mesh

Ah, the sleepless nights twenty years on,
once upon a time there was a little boy
and he went on a journey
there was a little girl, une petite fille
and the Passé Simple, how simple the past seemed then

Au clair de la lune
mon ami Pierrot
Prête-moi ta plume
pour écrire un mot

Escrever uma palavra
uma só
ao luar
a pedir concordância como uma carícia

Elles sont parties,
les mouettes

Au clair de la lune
mon ami Pierrot
Prête-moi ta plume
Pour écrire un mot

Writing a word
just one
in the moonlight
like a caress requiring agreement

Elles sont parties,
les mouettes

TESTAMENTO

Vou partir de avião
e o medo das alturas misturado comigo
faz-me tomar calmantes
e ter sonhos confusos

Se eu morrer
quero que a minha filha não se esqueça de mim
que alguém lhe cante mesmo com voz desafinada
e que lhe ofereçam fantasia
mais que um horário certo
ou uma cama bem feita

Dêem-lhe amor e ver
dentro das coisas
sonhar com sóis azuis e céus brilhantes
em vez de lhe ensinarem contas de somar
e a descascar batatas

Preparem a minha filha
para a vida
se eu morrer de avião
e ficar despegada do meu corpo
e for átomo livre lá no céu

Que se lembre de mim
a minha filha
e mais tarde que diga à sua filha
que eu voei lá no céu
e fui contentamento deslumbrado
ao ver na sua casa as contas de somar erradas
e as batatas no saco esquecidas
e íntegras

TESTAMENT

I'm about to fly off somewhere
and my fear of heights plus myself
finds me resorting to tranquilizers
and having confused dreams

If I should die
I want my daughter always to remember me
for someone to sing to her even if they can't hold a tune
to offer her pure dreams
rather than a fixed timetable
or a well-made bed

To give her love and the ability
to look inside things
to dream of blue suns and brilliant skies
instead of teaching her how to add up
and how to peel potatoes

To prepare my daughter
for life
if I should die on a plane
and be separated from my body
and become a free-floating atom in the sky

Let my daughter
remember me
and later on say to her own daughter
that I flew off into the sky
and was all dazzle and contentment
to see that in her house none of the sums added up
and the potatoes were still in their sack forgotten
entire

AUTO-DA-FÉ

No cinzeiro de vidro
queimei aos poucos
uma folha escrita

Curvava-se o papel
e dançava grotesco
à beira de morrer
desfeito em cinzas

Quando o auto-da-fé
se concluiu
sobrava ainda
um resto incandescente:

aí
acendi
um cigarro

AUTO-DA-FÉ

In the glass ashtray
I burned a page of writing
slowly

The paper bowed
and danced grotesquely
on the brink of dying
turned to ashes

When the auto-da-fé
was over
there still remained
one glowing ember:

on which
I lit
my cigarette

MINHA SENHORA DE QUÊ

dona de quê
se na paisagem onde se projectam
pequenas asas deslumbrantes folhas
nem eu me projectei

se os versos apressados
me nascem sempre urgentes:
trabalhos de permeio refeições
doendo a consciência inusitada

dona de mim nem sou
se sintaxes trocadas
o mais das vezes nem minha intenção
se sentidos diversos ocultados
nem do oculto nascem
(poética do Hades quem me dera!)

Dona de nada senhora nem
de mim: imitações de medo
os meus infernos

MISTRESS OF WHAT

Mistress of what
if onto the landscape
tiny wings dazzling leaves
all cast their shadows
but I cast none

if my hurried verses
spring so urgently from me:
in-between works tidbits
wounding my unaccustomed consciousness

How, then, mistress of myself
if my muddled syntax
is mostly unintentional
if my diverse secret meanings
are not even born of secrecy
(the poetics of Hades? Ah, if only)

Mistress of nothing, Dona
Nobody: my personal infernos
mere imitations of fear

COISAS GRAMATICAIS E OUTRAS

A minha filha fala tantas coisas
em gramática própria tão brilhante:
mais do que sóis, os verbos que ela conjuga mal
são galáxias inteiras. As costumeiras coisas

tornam-se espaços largos de saber,
didácticas de um mundo em construção,
estrelas novas de rota corrigida sem piedade
teimando em serem novas. São tantas coisas

que a minha filha fala e brilham sempre ainda.
E não fora a gramática das coisas,
não fora o conjugar (mais lógico que o nosso)
a semântica intacta torná-la-ia inteira:
ser humano a crescer em solo ainda intacto.

GRAMMAR AND OTHER MATTERS

My daughter says so many things
in her own brilliant grammar:
the verbs she misconjugates are not so much suns
as whole galaxies. The usual commonplaces

expand into broad fields of knowledge,
manuals for a world still under construction,
determined new stars setting ruthless new courses.
She says so many things,

my daughter, and still they shine.
Were it not for the grammar of things
were it not for her conjugations (far more logical than ours)
her virgin semantics would make her whole:
a human being growing in still virgin soil.

MÚSICAS

Desculpo-me dos outros com o sono da minha filha.
E deito-me a seu lado,
a cabeça em partilha de almofada.

Os sons dos outros lá fora em sinfonia
são violinos agudos bem tocados.
Eu é que me desfaço dos sons deles
e me trabalho noutros sons.

Bartók em relação ao resto.

A minha filha adormecida.
Subitamente sonho-a não em desencontro como eu
das coisas e dos sons, orgulhoso
e dorido Bartók.

Mas nunca como eles,
bem tocada
por violinos certos.

TUNES

I make my excuses, saying my daughter needs to sleep
and I lie down beside her,
my head sharing her pillow.

Outside, the voices, in symphony, are
shrill violins, neatly played.
I detach myself from their sounds
and struggle to hear something different.

Bartók to the others.

My daughter sleeps.
A sudden hope: let her not be, like me, in dissonance
with other things and other sounds,
a proud,
sad Bartók.

Nor like them,
a neatly played
and well-tuned violin.

METAMORFOSES

Faça-se luz
neste mundo profano
que é o meu gabinete
de trabalho:
uma despensa.

As outras dividiam-se
por sótãos,
eu movo-me em despensa
com presunto e arroz,
livros e detergentes.

Que a luz penetre
no meu sótão
mental
do espaço curto.

E as folhas de papel
que embalo docemente
transformem o presunto
em carruagem!

METAMORPHOSES

Let there be light
in this profane world
which is my place
of work:
a pantry.

Other women were once
shut up in attics,
but I bustle around in the pantry,
at home with the ham and the rice
the detergents and the books.

May the light enter
my narrow
mental
attic.

And may these sheets of paper
I so gently cradle
change the ham
into a royal coach!

A VERDADE HISTÓRICA

A minha filha partiu uma tigela
na cozinha.
E eu que me apetecia escrever
sobre o evento,
tive que pôr de lado inspiração e lápis,
pegar numa vassoura e varrer
a cozinha.

A cozinha varrida de tigela
ficou diferente da cozinha
de tigela intacta:
local propício a escavação e estudo,
curto mapa arqueológico
num futuro remoto.

Uma tigela de louça branca
com flores,
restos de cereais tratados
em embalagem estanque
espalhados pelo chão.

Não eram grãos de trigo de Pompeia,
mas eram respeitosos cereais
de qualquer forma.
E a tigela, mesmo não sendo da dinastia Ming,
mas das Caldas,
daqui a cinco ou dez mil anos
devia ter estatuto admirativo.

Mas a hecatombe
deu-se.

THE HISTORICAL TRUTH

My daughter broke a bowl
in the kitchen.
And when I fancied writing a poem
about the incident,
I had to put aside inspiration and pen,
pick up a broom and sweep
the kitchen floor.

The kitchen swept clean of the broken bowl
looked different from the kitchen
with the bowl intact:
a place ready to be excavated and studied
a brief archaeological map
of a remote future.

A white china bowl
decorated with flowers,
the remnants of processed cereal
in watertight wrapping
scattered on the floor.

They weren't grains of wheat from Pompeii
but respectable cereals
nonetheless.
And the bowl, although not exactly Ming dynasty,
but made in Caldas da Rainha,
in five or ten thousand years
should find its own admiring audience.

But disaster
struck.

E escorregada de pequeninas mãos,
ficou esquecida de famas e proveitos,
varrida de vassouras e memórias.

Por mísero e cruel balde de lixo
azul
em plástico moderno
(indestrutível)

And having slipped from those small hands,
the bowl, achieving neither fame nor advantage,
was swept up by brooms and memories.

Into a miserable cruel blue
bin
in modern
(indestructible)
plastic

FROM *COISAS DE PARTIR*

(1993)

QUARTO-CRESCENTE

Porque vejamos: uma lua destas
já nem lua é. A lua quer-se grande,
leitosa, apontável às crianças:
olha o homem da lua, os olhos, a

vassoura. Mas uma lua destas
desfazendo-se em sombras, um ar
de quem passou o dia em claro,
já nem lua é. Que não exija então

o impossível, que não se finja
a sério a pedir versos e algum olhar:
o poeta não usa telescópio,
nem se vai acordar uma criança
por gomos de luar.

CRESCENT MOON

Because you see, a moon like this
isn't even a moon. The moon should be big,
milky-white, worth pointing out to children:
Look at the man in the moon, his eyes, his

broom. But a moon like this,
dissolving into shadows, with the air
of someone who hasn't slept all day,
isn't a moon at all. So don't ask for the

impossible, don't pretend seriously
to demand poems and insights:
the poet doesn't use a telescope
and isn't going to wake up a child
for the sake of a sliver of light.

NEM TÁGIDES NEM MUSAS

Nem tágides nem musas:
só uma força que me vem de dentro,
de ponto de loucura, de poço
que me assusta,
seduzindo

Uma fonte de fios de água
finíssima
(raio de luar a mais
a secaria)

Nem rio nem lira
nem feminino grupo a transbordar:
só o que herdei em força não herdada,
em fonte onde o luar
não está

NO NYMPHS OR MUSES

No nymphs or muses:
only a force that comes from within,
a touch of madness, of the abyss
that frightens
and seduces

A fountain of thread-thin water
finer than fine
(a too-bright moonbeam
would dry it up)

No river no lyre
no female flood of nymphs:
only some inherent inherited force,
in a fountain where the moon
does not shine

O GRANDE TRUQUE

O maior truque:
sem lantejoulas nem vénias nem varinha
de condão, nada nas mãos, nada
nos bolsos,
nada.

Sacerdotisa
de nada,
chegava-me fingir: as minhas mãos
a segurar o ar
em movimentos calmos.

A mágica
sem supremo houdini, todos
os dias sem marcação de espaço,
um público restrito
e crente.

Excelente a fantasia e
a ilusão. E o grande
truque: nada nos bolsos nada
nas mãos nada no
nada

Nada—

THE BIG TRICK

The biggest trick:
with no sequins no bowing no magic
wand, nothing in my hands,
nothing in my pockets,
nothing.

High priestess
of nothing,
all I had to do was pretend: my hands
very calmly
manipulating the air.

Magic
with no marvelous Houdini, every
day, with no reserved seats,
a small
and credulous audience.

Fantasy and illusion:
both first-rate. And the big
trick: nothing in my pockets nothing
in my hands nothing in
nothing

Nothing—

DILEMAS

Partiram-se-me os óculos
e por contágio a alma
acabou de partir-se

O dilema era grande:
escassa a cola

Colar lentes e viver
em sobressalto
com uma alma a meio?

Colar alma e morrer
em miopia, astigmática
até ao fim dos tempos?

(Melhor seria: lente,
mas decidi:

o meio)

DILEMMAS

My glasses broke
and by contagion
my soul broke too

It was a big dilemma:
with not much glue to spare

Should I repair my glasses and live
in constant fear
with only half a soul?

Should I repair my soul and live
myopic and astigmatic
for the rest of my days?

(I should have chosen my glasses,
instead, I opted for

something in between)

LUGARES COMUNS

Entrei em Londres
num café manhoso (não é só entre nós
que há cafés manhosos, os ingleses também
e eles até tiveram mais coisas, agora
é só a Escócia e um pouco da Irlanda e aquelas
ilhotazitas, mas adiante)

Entrei em Londres
num café manhoso, pior ainda que um nosso bar
de praia (isto é só para quem não sabe
fazer uma pequena ideia do que eles por lá têm), era
mesmo muito manhoso,
não é que fosse mal intencionado, era manhoso
na nossa gíria, muito cheio de tapumes e de cozinha
suja. Muito rasca.

Claro que os meus preconceitos todos
de mulher me vieram ao de cima, porque o café
só tinha homens a comer bacon e ovos e tomate
(se fosse em Portugal era sandes de queijo),
mas pensei: Estou em Londres, estou
sozinha, quero lá saber dos homens, os ingleses
até nem se metem como os nossos,
e por aí fora...

E lá entrei no café manhoso, de árvore
de plástico ao canto.
Foi só depois de entrar que vi uma mulher
sentada a ler uma coisa qualquer. E senti-me
mais forte, não sei porquê mas senti-me mais forte.

COMMON PLACES

In London I went
into a greasy spoon (it's not only us
who have greasy spoons, the English too
and they once had other things too, now
it's just Scotland and a little bit of Ireland and those
little tiny islands, but anyway)

In London I went
into a greasy spoon, worse even than one of our
beach bars (I say this for those who cannot even
imagine the things they have there), it was
a proper greasy spoon,
not that it was a spoon, of course, but it was greasy
in the sense that it was full of clutter and greasy
food. Really low class.

Of course, all my female prejudices
came to the fore, because the café
was full of men eating eggs and bacon and tomatoes
(in Portugal it would be cheese sandwiches),
but I thought: I'm in London, I'm
alone, what do I care about men, Englishmen
don't bother you the way Portuguese men do,
and so on…

I went into the greasy spoon, with a plastic
tree in one corner.
It was only then that I saw a woman
sitting and reading. And I felt
stronger, I don't know why, but I did.

Era uma tribo de vinte e três homens e ela sozinha e
depois eu

Lá pedi o café, que não era nada mau
para café manhoso como aquele e o homem
que me serviu disse: There you are, love.
Apeteceu-me responder: I'm not your bloody love ou
Go to hell ou qualquer coisa assim, mas depois
pensei: Já lhes está tão entranhado
nas culturas e a intenção não era má e também
vou-me embora daqui a pouco, tenho avião
quero lá saber

E paguei o café, que não era nada mau,
e fiquei um bocado assim a olhar à minha volta
a ver a tribo toda a comer ovos e presunto
e depois vi as horas e pensei que o táxi
estava a chegar e eu tinha que sair.
E quando me ia levantar, a mulher sorriu
como quem diz: That's it

e olhou assim à sua volta para o presunto
e os ovos e os homens todos a comer
e eu senti-me mais forte, não sei porquê,
mas senti-me mais forte

e pensei que afinal não interessa Londres ou nós,
que em toda a parte
as mesmas coisas são

There was a tribe of twenty-three men and her alone
and then me

I ordered a coffee, which wasn't at all bad
for a greasy spoon like that and the man
who served me said: There you are, love.
I felt like saying: I'm not your bloody love or
Go to hell or something like that, but then
I thought: It's so deep
in their culture and he meant no harm and, besides,
I'll be leaving soon, I have a plane to catch,
what do I care

And I paid for my coffee, which wasn't at all bad,
and I sat for a while looking round
watching the tribe eating their eggs and bacon
and then I saw what time it was and thought the taxi
would be arriving any moment and I had to leave.
And when I got up, the woman smiled
as if she were saying: That's it

and she looked around at the bacon
and the eggs and the men all eating
and I felt stronger, I don't know why,
but I felt stronger

and I thought it doesn't matter if it's London or us,
that everywhere
you find the same

COISAS DE PARTIR

Tento empurrar-te de cima do poema
para não o estragar na emoção de ti:
olhos semi-cerrados, em precauções de tempo
a sonhá-lo de longe, todo livre sem ti.

Dele ausento os teus olhos, sorriso, boca, olhar:
tudo coisas de ti, mas coisas de partir...
E o meu alarme nasce: e se morreste aí,
no meio de chão sem texto que é ausente de ti?

E se já não respiras? Se eu não te vejo mais
por te querer empurrar, lírica de emoção?
E o meu pânico cresce: se tu não estiveres lá?
E se tu não estiveres onde o poema está?

Faço eroticamente respiração contigo:
primeiro um advérbio, depois um adjectivo,
depois um verso todo em emoção e juras.
E termino contigo em cima do poema,
presente indicativo, artigos às escuras.

BREAKABLE THINGS

I try to push you out of the poem
not wanting to spoil it with my feelings for you:
eyes half-closed, moving cautiously,
I dream the poem from afar, entirely free of you.

I erase from it your eyes, smile, mouth, look:
everything that's yours, breakable, fugitive things…
And then I feel afraid: what if you died
right there without this poem, this poem without you?

What if you stopped breathing? What if I never saw you again
because of that desire to push you away, lyrical with emotion?
And my panic grows: what if you weren't there?
What if you weren't where the poem is?

I breathe erotic life into you:
first an adverb, then an adjective,
then a line full of emotion and promises.
And I end up with you inside the poem,
present indicative, articles unknown.

KAMASUTRAS

Atira a roupa toda
para o chão.
Depressa. Sem momento sedutor
nenhum

As peças aos bocados,
desmaiadas,
caídas pelo chão.
Do mais pesado ao mais quase
infinito de leveza

E deixa a luz
acesa. Sem sedução
nenhuma. Uma luz pelo menos
de 60 watts.
Ou então crua,
de supermercado

Escolhe armário,
sítio esquadriado
onde os corpos
não possam descansar.
Sem qualquer tipo
de preliminar,
assalta-me
vestida:

que eu tenha a roupa
toda. Do mais pesado
ao mais
quase infinito de leveza

KAMASUTRAS

Throw your clothes
on the floor.
Quickly. With no seductive moment
none at all

Articles of clothing, one by one,
fallen
fainting onto the floor.
From the heaviest to the near
weightless

And leave the light
on. No seduction
none at all. A 60 watt bulb
at the very least.
Or else the glare
of supermarket neon

Choose a wardrobe,
a rectangular space
where bodies
cannot rest.
With no preliminaries
none at all,
take me
fully clothed:

because I am
fully clothed. From the heaviest
to the near
weightless

Luzes todas acesas.
Depressa
e de repente

Passemos à cozinha.
E lá, numa poética de mãos,
em suprema ginástica de olhar,
comamos lentamente,
com saber hindu,
os restos do assado sobrado
do jantar

À luz
fosforescente
e sedutora, no mais
preliminar,
lança contra o fogão,
por sobre o ombro,
o copo de cristal
(dos de pé alto!)

Que o chão,
ao ser-lhe agudo como asfalto,
lhe ensine o kamasutra
em última edição

All lights blazing.
Quickly
and suddenly

Let's go into the kitchen.
And there, with a poetics of the hands,
a supreme gymnastics of the eyes,
let us eat slowly,
with ancient Hindu wisdom,
the roast
from last night's supper

In the light
phosphorescent
and seductive, although
equally preliminary,
hurl your wine glass
(the long-stemmed variety)
over your shoulder,
against the cooker

and let the floor,
as hard as asphalt,
teach it the kamasutra
in its very latest edition

FROM *ÀS VEZES O PARAÍSO*

(1998)

O EXCESSO MAIS PERFEITO

Queria um poema de respiração tensa
e sem pudor.
Com a elegância redonda das mulheres barrocas
e o avesso todo do arbusto esguio.
Um poema que Rubens invejasse, ao ver,
lá do fundo de três séculos,
o seu corpo magnífico deitado sobre um divã,
e reclinados os braços nus,
só com pulseiras tão (mas tão) preciosas,
e um anjinho de cima,
no seu pequeno nicho feito nuvem,
a resguardá-lo, doce.
Um tal poema queria.

Muito mais tudo que as gregas dignidades
de equilíbrio.
Um poema feito de excessos e dourados,
e todavia muito belo na sua pujança obscura
e mística.
Ah, como eu queria um poema diferente
da pureza do granito, e da pureza do branco,
e da transparência das coisas transparentes.
Um poema exultando na angústia,
um largo rododendro cor de sangue.
Uma alameda inteira de rododendros por onde o vento,
ao passar, parasse deslumbrado
e em desvelo. E ali ficasse, aprisionado ao cântico
das suas pulseiras tão (mas tão)
preciosas.

THE MOST PERFECT EXCESS

I wanted a tensely breathing,
immodest poem
with all the curvaceous elegance of baroque women
and with, on its reverse side, a slender plant.
A poem Rubens would have envied, on seeing it
across the gulf of three centuries,
its magnificent body reclining on a divan,
bare arms lying loose by its sides,
naked but for some gorgeous (really gorgeous) bracelets,
and a cupid up above,
in his little cloud-niche,
quietly keeping watch.
That is the poem I wanted.

Something that went beyond the Greek ideals
of equilibrium.
A poem made of excess and gold,
and yet very beautiful in its obscure,
mystical power.
Yes, I wanted a poem quite different
from the purity of granite, the purity of white,
the transparency of things transparent.
A poem reveling in anxiety,
a vast rhododendron the color of blood.
A whole avenue of rhododendrons through which the wind
as it passed, would stop, amazed,
dumbstruck. And there it would stay, imprisoned by the canticle
of those gorgeous (really gorgeous)
bracelets.

Nu, de redondas formas, um tal poema queria.
Uma contra-reforma do silêncio.

Música, música, música a preencher-lhe o corpo
e o cabelo entrançado de flores e de serpentes,
e uma fonte de espanto polifónico
a escorrer-lhe dos dedos.
Reclinado em divã forrado de veludo,
a sua nudez redonda e plena
faria grifos e sereias empalidecer.
E aos pobres templos, de linhas tão contidas e tão puras,
tremer de medo só da fulguração
do seu olhar. Dourado.

Música, música, música e a explosão da cor.
Espreitando lá do fundo de três séculos,
um Murillo calado, ao ver que simples eram os seus anjos
junto dos anjos nus deste poema,
cantando em conjunção com outros
astros louros
salmodias de amor e de perfeito excesso.

Gôngora empalidece, como os grifos,
agora que o contempla.
Esta contra-reforma do silêncio.
A sua mão erguida rumo ao céu, carregada
de nada

Naked and curvaceous, that was the poem I wanted.
A counter-reformation of silence.

Music, music, music filling its whole body
its hair entwined with flowers and serpents,
a fountain of polyphonic amazement
flowing from its fingertips.
Reclining on a velvet-upholstered divan,
its plump, curvaceous nakedness
would make griffins and sirens grow pale.
And make mere temples, so contained and pure and upright,
tremble with fear at one fiery
golden glance.

Music, music, music and an explosion of color.
Peering across three centuries,
a silent Murillo comparing his simple angels
with the naked angels of my poem,
which sang, along with other
fair-haired stars,
psalms of love and perfect excess.

Góngora turns as pale as the griffins
on contemplating this poem.
This counter-reformation of silence.
Its hand reaching up to the sky, grasping
nothing

O MUNDO A MEIO

Está hoje o mundo a meio, que me apunhala
este sinistro ouvido e uma infecção
macia e relativa se estende como praia.
Ouvir assim o mundo em branda areia:

as folhas mal tremendo e, na madeira
do chão, o meu sapato: um eco mal
aceso, mais sensato, e as vozes que
me chegam de outro quarto: Orfeu chamando
Eurídice.

        Um mundo assim rasgado: a
terra, por um lado, e o inferno rugindo
em chamas imperfeitas de silêncio.
Ou mais rasgado ainda que o antigo,

esse que há tempos idos era meu.
De muito longe chega a sua voz:
"Onde será que ela vagueia agora?
Passa tanto da hora e ela não vem."

Demoro, como Eurídice, a ruptura
nesta contra-demora de sentidos.
Vivendo a meio o mundo e os ouvidos,
morrer-me neste inferno de ternura—

THE WORLD TORN IN TWO

The world today is only half, there's a stabbing pain
my left ear, the sinister side, an infection,
mild and relative, spreads out like a beach.
I listen to the world muffled by soft sand:

the leaves barely trembling and, on the wooden
floor, my shoe: a sensible, barely
burning echo, and the voices
that reach me from the other room: Orpheus calling
to Eurydice.

A world torn in two: the
earth on one side, and the inferno roaring
in imperfect flames of silence.
Or even more torn in two than the old world

that long ago was mine.
From very far away comes his voice:
"Where can she have got to?
It's so late and she's still not back."

I linger, like Eurydice, over the rupture
caused by this counter-delay of the senses.
Living in this half-heard half-world,
dying in this inferno of tenderness—

BABEL

E todos tinham uma língua igual
ciosamente amada e venerada
por noites de luar, por dias claros

Com ela nomeavam os sentidos
das coisas sem sentido antes de ser,
por ela se espelhavam na memória,
já que a memória era também de todos
e a todos preenchia o pensamento

E se o céu era alto e eles fortes
no poder todo que a palavra dá,
e se o céu oferecia habitação
às aves e às nuvens e ao sol,
porque não conquistá-lo em desafio
profano?

Diz-se que a punição surgiu precisa
em exacta medida para o crime,
que a confusão cresceu junto às palavras,
ensombrando o silêncio outrora amado,
descompassando os dias
e as coisas

Diz-se que a punição se cumpriu justa
no divino saber
Mas foi decerto gesto de ciúme,
desajeitada afirmação de quem
já não tem demais céus

a conquistar

BABEL

And they all spoke the same tongue
so zealously loved and respected
on moonlit nights, on bright days

Using that tongue they named the meanings
of things that previously had no meaning,
they found themselves mirrored in memory
since memory also belonged to everyone
and filled everyone's thoughts

And gazing up at the high heavens and having the strength
and the power that the word brings,
and seeing that the heavens offered habitation
to the birds and the clouds and the sun,
they thought: why not profanely, boldly
conquer those heavens?

It is said that the punishment exactly
fitted the crime,
that confusion grew as fast as words,
casting a shadow over their once belovèd silence,
putting both days and things
out of kilter

It is said that the divine wisdom judged
the punishment to be just,
but it was clearly a jealous gesture,
the clumsy affirmation of one
who no longer has many heavens left

to conquer

SALOMÉ APÓS O CRIME

Quantas vezes te vi
e me surpreendi porque te olhava?
Sentindo a tentação de te espiar
e o desejo de amar
o que não tinha

Como saber
pelos sonhos mais nus
que me assaltavam
que eu não era paisagem
para ti?

Dizem luxúria só
onde houve amor
e um crime tão enorme de luxúria:
mas eu quis-te indefeso
como festa,
os teus lábios a festa para mim

Quantas vezes me vi
pensando no meu crime
e na história dos homens
a julgar-me!

Mas o que eu li
na bandeja do crime
foram os olhos com que tu
me olhavas
(finalmente eu paisagem)

e a luxúria
que há sempre
no amor

SALOME AFTER THE CRIME

How often I saw you
and felt surprised to be looking at you.
Feeling the temptation to spy on you
and the desire to love
what I did not have

How was I to know
from the naked dreams
that assailed me
that I was no landscape
for your eyes?

Lust, they say,
should only exist alongside love
and this was a vast and lustful crime:
but I wanted you defenseless
a banquet
your lips my banquet

How often I found myself
thinking about my crime
and about the history of men
judging me!

But what I saw
on that crime-laden platter,
were the eyes with which you
looked at me
(a me finally made landscape)

and the lust
that always exists
in love

VISITAÇÕES, OU POEMA QUE SE DIZ MANSO

De mansinho ela entrou, a minha filha.

A madrugada entrava como ela, mas não
tão de mansinho. Os pés descalços,
de ruído menor que o do meu lápis
e um riso bem maior que o dos meus versos.

Sentou-se no meu colo, de mansinho.

O poema invadia como ela, mas não
tão mansamente, não com esta exigência
tão mansinha. Como um ladrão furtivo,
a minha filha roubou-me inspiração,
versos quase chegados, quase meus.

E mansamente aqui adormeceu,
feliz pelo seu crime.

VISITATIONS, OR A SUPPOSEDLY GENTLE POEM

She entered very gently, my daughter.

The dawn entered with her, but not
quite as gently. Her bare feet
made less noise than my pencil on the page,
but her laughter was louder than my poem.

She climbed, very gently, onto my lap.

The poem, like her, came creeping in, but not
quite as gently, not with the same
gentle urgency. Like a furtive thief
my daughter stole my inspiration,
those lines—almost finished, almost mine.

And here she fell gently asleep,
contented with her crime.

FROM *IMAGIAS*

(2001)

UM POUCO SÓ DE GOYA: CARTA A MINHA FILHA

Lembras-te de dizer que a vida era uma fila?
Eras pequena e o cabelo mais claro,
mas os olhos iguais. Na metáfora dada
pela infância, perguntavas do espanto
da morte e do nascer, e de quem se seguia
e porque se seguia, ou da total ausência
de razão nessa cadeia em sonho de novelo.

Hoje, nesta noite tão quente rompendo-se
de junho, o teu cabelo claro mais escuro,
queria contar-te que a vida é também isso:
uma fila no espaço, uma fila no tempo,
e que o teu tempo ao meu se seguirá.

Num estilo que gostava, esse de um homem
que um dia lembrou Goya numa carta a seus
filhos, queria dizer-te que a vida é também
isto: uma espingarda às vezes carregada
(como dizia uma mulher sozinha, mas grande
de jardim). Mostrar-te leite-creme, deixar-te
testamentos, falar-te de tigelas—é sempre
olhar-te amor. Mas é também desordenar-te à
vida, entrincheirar-te, e a mim, em fila descontínua
de mentiras, em carinho de verso.

E o que queria dizer-te é dos nexos da vida,
de quem a habita para além do ar.
E que o respeito inteiro e infinito
não precisa de vir depois do amor.
Nem antes. Que as filas só são úteis
como formas de olhar, maneiras de ordenar

JUST A LITTLE BIT OF GOYA: LETTER TO MY DAUGHTER

Do you remember saying that life was a line?
You were only little then and your hair was fairer,
same eyes, though. In that metaphor given
by childhood, you were asking out of your astonishment
about death and birth, and about who came next
and why, or the total absence
of any logic in that chain-skein of wool.

Today, on this hot hot night welling up out of
June, your fair hair darker now,
I wanted to tell you that life is also that:
a line in space, a line in time,
and that your time will continue after mine is over.

In a style I liked, that of a man
who, one day, mentioned Goya in a letter to his
children, I wanted to tell you that life is also
this: a gun that is sometimes loaded
(to quote a very solitary woman, but lush
as a garden). Showing you how to make crème brûlée, leaving you
a last will and testament, talking to you about bowls—is my way
of looking at you, my dear. But it's also messing up
your life, entrenching both you and me in a broken line
of lies, of affectionate verses.

And what I wanted to talk about are the connections life makes,
about the people who inhabit life beyond the air.
And how total, infinite respect
does not necessarily come after love.
Or before. That lines are only useful
as ways of seeing, ways of giving an order

o nosso espanto, mas que é possível pontos
paralelos, espelhos e não janelas.
E que tudo está bem e é bom: fila ou
novelo, duas cabeças tais num corpo só,
ou um dragão sem fogo, ou unicórnio
ameaçando chamas muito vivas.
Como o cabelo claro que tinhas nessa altura
se transformou castanho, ainda claro,
e a metáfora feita pela infância
se revelou tão boa no poema. Se revela
tão útil para falar da vida, essa que,
sem tigelas, intactas ou partidas, continua
a ser boa, mesmo que em dissonância de novelo.

Não sei que te dirão num futuro mais perto,
se quem assim habita os espaços das vidas
tem olhos de gigante ou chifres monstruosos.
Porque te amo, queria-te um antídoto
igual a elixir, que te fizesse grande
de repente, voando, como fada, sobre a fila.
Mas por te amar, não posso fazer isso,
e nesta noite quente a rasgar junho,
quero dizer-te da fila e do novelo
e das formas de amar todas diversas,
mas feitas de pequenos sons de espanto,
se o justo e o humano aí se abraçam.

A vida, minha filha, pode ser
de metáfora outra: uma língua de fogo;
uma camisa branca da cor do pesadelo.
Mas também esse bolbo que me deste,
e que agora floriu, passado um ano.
Porque houve terra, alguma água leve,
e uma varanda a libertar-lhe os passos.

to our astonishment, that there are possible parallel
points, mirrors, not windows.
And that all this is fine and good: line or
skein, two heads on the same body,
or a dragon without flames, or a unicorn
threatening to breathe fire on us.
Just as the fair hair you had then
has turned brown, light brown,
and just as the metaphor made by childhood
has turned out to work so well in this poem.
To prove so useful when talking about life, one that,
with or without bowls, intact or broken, continues
to be good, even when it gets tangled up in the skein.

I don't know what others will tell you in a not-too-distant future,
if those who inhabit the spaces in between lives
have giant's eyes or monstrous horns.
Because I love you, I would like to give you an antidote
like an elixir, that would make you suddenly
grow up and fly, like a fairy, along that line.
But because I love you, I can't,
and on this hot night tearing at the edges of June,
I want to talk to you about the line and the skein
and all the many forms of love,
all made up of quiet cries of astonishment,
if all that is fair and human does there embrace.

Life, my daughter, can be
a quite different metaphor: a tongue of fire;
a white shirt the color of nightmares.
But it is also the bulb you gave me
and which, a year later, has just flowered.
Because there was soil, a little light rain,
and a balcony to set it walking.

POEMA QUE SE DEVIA

Este poema devia ser para ti, devia
falar de carrosséis ou sinos (as palavras
que aqui me conduziram e me obrigaram
à angústia).
O ponto mais pretérito da angústia
devia estar neste poema, que seria
para ti.

Nele, eu embrulharia muitas coisas:
calendários indóceis, facturas por pagar,
livros deixados por ler à mesa de cabeceira,
anúncios recortados de nuvens
ou jornais.

Acrescentando também os carrosséis, os tais
de que falava acima, e os sinos
que todavia teimam em tocar a horas renitentes.
Tudo isto eu deveria dizer
neste poema: ternuras por pensar e muitas dívidas
impensáveis e doces.

Usaria então breve vocabulário sempre igual,
as mesmas palavras que há anos têm sido
as minhas metáforas idênticas
em ponto mais pretérito de angústia.
Seria então um poema que se devia
a toda a gente, especialmente a ti,
um pequeno berlinde que eu nunca soube jogar,
porque, no tempo em que vivi, o que se usava
era canções de roda e bonecas
de tranças a fingir.

A SHOULD-BE POEM

This poem should be for you, should
speak of carousels or bells (the words
that led me here and propelled me
into grief).
The most preterite point of that grief
should be here in this poem, your
poem.

I would include many things in this poem-parcel:
unruly calendars, unpaid bills,
books left to be read on the bedside table,
announcements cut out from clouds
or newspapers.

In addition to the carousels
mentioned earlier and the bells
that still stubbornly ring at obstinate hours.
All this should have been here
in this poem: tender thoughts and many debts
unthinkable and sweet.

I would use a brief, repetitive vocabulary,
the same words I've used for years
to create the same old metaphors
for my now quite preterite grief.
Then it would be a poem intended
for everyone, but especially for you,
a small glass marble in a game I never played,
because, in my day, it was all
nursery rhymes and dolls
with fake plaits.

Escrito no ponto mais pretérito
da angústia,
aspiraria à linguagem mais simples
das coisas menos simples,
como facturas de vida,
contas de hospital—ou ainda um abat-jour
de impossível partilha.

Pensando bem, com um perfil assim, este poema
nem devia ser um poema, mas um grito,
ou uma voz em branco,
escrito no pretérito mais que perfeito
de tudo, a sua angústia a concordar com tempo
e modo. E os sinos reticentes
em música de fundo.

Written at this most preterite point
of grief,
it would aspire to using the simplest language
to describe the least simple things,
like life's invoices,
hospital bills—or even a lamp
impossible to share.

On second thought, given its nature, this poem
shouldn't even be a poem, but a scream,
or a blank voice,
written in the most perfect of past tenses,
its grief agreeing in tense
and mood. With those reticent bells
as soundtrack.

RELATIVIDADES

Albert Einstein tinha um cabelo hirsuto
e branco na idade,
e nariz farejante junto ao tempo.
E assim deixou o verso
mais perfeito:
velocidade ao quadrado
em equação de luz

Fervendo pelo espaço,
a energia mil igual à massa
(vezes o que já pus
nos outros versos)

Mas era o olhar longo,
as pálpebras tão tristes
de ver além de nós:
melodias de sonho e teoria,
filamentos hirsutos junto ao sol,
cogumelos, acordes

E na corrente quântica das coisas,
entender que o mais largo
é o que não se vê:

quadrado inconsciente
gerando,
aceso e branco,
um éme cê amargo:

por moderno e feroz
auto-de-fé

RELATIVITIES

Albert Einstein had very hairy hair
which turned white in old age,
and a nose made to sniff out time.
And thus he left the most perfect
line of verse:
speed squared
in an equation with light

Seething through space,
energy times a thousand equals mass
(how often have I put just that
in other poems)

But it was that long look
the sad sad eyelids
able to see beyond us all:
melodies of dream and theory,
hairy filaments reaching to the sun,
mushrooms, chords

And in the quantic current of things,
understanding that the truly great
is what we cannot see:

unconsciousness squared
generating,
white-hot,
a bitter E em cee:

like a fierce, modern
auto-da-fé

SILOGISMOS

A minha filha perguntou-me
o que era para a vida inteira
e eu disse-lhe que era para sempre.

Naturalmente, menti,
mas também os conceitos de infinito
são diferentes: é que ela perguntou depois
o que era para sempre
e eu não podia falar-lhe em universos
paralelos, em conjunções e disjunções
de espaço e tempo,
nem sequer em morte.

A vida inteira é até morrer,
mas eu sabia ser inevitável a questão
seguinte: o que é morrer?

Por isso respondi que para sempre
era assim largo, abri muito os braços,
distraí-a com o jogo que ficara a meio.

(No fim do jogo todo,
disse-me que amanhã
queria estar comigo para a vida inteira)

SYLLOGISMS

My daughter asked me
what for life meant
and I told her it meant for ever.

Naturally, I was lying,
but people's concepts of the infinite
differ: and then she asked me
what for ever meant
and I couldn't talk to her about parallel
universes, about conjunctions and disjunctions
in time and space,
and certainly not about death.

For life means until you die,
but I knew what her next question
would inevitably be: what does dying mean?

That's why I told her that for ever
was this long, and I opened wide my arms,
then distracted her with the game we had not yet finished.

(When the game was over,
she said that tomorrow
she wanted to be with me for life)

IMAGENS E MEMÓRIAS DO QUE NÃO

Rasgar as mãos como se fossem
astros

—e ao lado
dessa imagem desmontada,
colocar uma outra que fizesse
a lua tão de frente e reclinada, o sol
tão de distante desse azul
onde não fosses tu, onde não fosses

Queria-te tão daqui,
num tão longínquo estar,
rasgar-te da memória,
soluçar-te de vento e muito longe
—e esse choro era teu, e só de ti,
e não de mim, que não te
desejava

Ter-te assim de tão longe dar-me-ia
a força de uma escrita,
pétala de pequeno girassol,
uma coisa concreta,
como é esta caneta repetida em linha
de um olhar

Rasgava então as mãos e elas: os astros
que não soubeste ter, ou que não cabem
neste universo feito em perfeição tamanha
que a estátua mais perfeita: uma coisa
de nada,
um resumo de som

IMAGES AND MEMORIES OF WHAT WASN'T

I would tear my hands into pieces as if they were
stars

—and beside
that fragmented image,
place another that would make
the moon so close, so slant, the sun
so distant from the blue
where you are not, where you are not

I would like you, so very here,
to be, instead, so very far,
to tear you from my memory,
to sob into the far-off wind
—and for that weeping to be yours and yours alone,
and not mine, for me not to
have desired you

Having you so far away would give me
the force of something written down,
the petal of a small sunflower,
something concrete,
like this pen leaving its lines
repeated, beneath my gaze

Then I would tear my hands into pieces and they—the stars
you couldn't hold on to, or that wouldn't fit
in this perfectly-created universe made to the measure
of the most perfect statue—a thing
of nothing,
a brief sound

Como se fossem astros, rasgaria
as minhas mãos e a ti,
e essa lisura de te amar em sol que sonhei para nós,
há tanto tempo,
e me parece agora:
um sussurro de sonho, uma matéria
igual

Rasgava da memória, meu amor,
o sussurro que és

como trovão

As if they were stars, I would tear
my hands and you into pieces,
and the sweetness of loving you in the sun I dreamed for us,
so long ago,
and that seems to me now:
a dream whisper, yes,
just that

I would tear from my memory, my love,
the whisper that you are

like thunder

FROM *A ARTE DE SER TIGRE*

(2003)

Dizem haver amores para lá dos sentires contidos pelo tempo. Momentos perfeitos de toques de riso, pequenos sabores, ou, também muito pequenas, nuvens. Ainda, infinita, a tortura. Como poeira cósmica, as etimologias são coincidentes. E assim, é tão possível ter nas mãos o pesadelo como o paraíso. Tal é o peso da metamorfose.

Aldo Mathias (1939)

They say there are loves that go beyond feelings contained in time. Perfect moments tinged with laughter, tiny tastes to savor or, equally tiny, clouds. Or even—infinite—torment. Like cosmic dust, etymologies are coincidental. And you can as easily hold in your hands pain or paradise. That is the penalty we pay for metamorphosis.

Aldo Mathias (1939)

ARTE PRIMEIRA

Do ponto mais recôndito
da mente,
um tigre salta em direcção
à luz:

para depois retroceder
o gesto,
estacado membro
e som

Fere-lhe o vento
uma flecha de azul,
um recanto onde o tempo
mais se apega,
até iluminar toda a clareira

e sobressaltar
tudo

FIRST ART

From the most hidden place
in the mind,
a tiger leaps towards
the light:

only then to withdraw
the gesture,
paw
and sound
stopped

The wind wounds him
an arrow of blueness,
a corner where time
most likes to linger,
until it illuminates the whole
clearing

and startles
everything

DO ESPANTO

Entre morrente
e garras como flechas,
hesita-se de espanto:

sem saber da razão
do renascer

Que o azul lhe foi todo,
e estrelas: largas,
e um bolso cheio de amor
pela clareira

Agora:
só savana
em estado liso:

ABOUT AMAZEMENT

Caught between dying
and claws like arrows,
he stops, amazed:

not knowing the reason
for that rebirth

For blue had been everything to him,
and stars: so many,
and a pocket full of love
in the clearing

Now:
only savanna
smooth savanna:

ARTE SEGUNDA

Reconverter as coisas:
sonhar essas estrelas
em plêiade
de vento
—e recordar

Há feridas tão ferozes,
tão de nuvem rasante
em tempestade,
que a solução:
voraz

Depois disso, o que resta:
montículo de areia
ou fio de pedra

(a fingir-se de luz)

SECOND ART

Changing things back:
dreaming those stars
a pleiad
of winds
—and remembering

There are wounds so cruel
so like low clouds
in a storm,
that the solution:
all-devouring

Afterwards, what is left:
a little heap of sand
or a sliver of stone

(pretending to be light)

DO FINGIMENTO

Inútil recuperar
o que era cinza
e fôra já de fogo
(dizia-lhe de dentro
rugido
muito leve)

Fingir a luz:
nem sequer arte certa,
nem sequer a maior
arte menor

Todavia,
do ar muito sereno:
um raio muito
súbito,

e azul

Só por ele,
estacou

ABOUT PRETENSE

Pointless recovering
what was ash
and had once been fire
(inside him spoke
a faint
faint roar)

Feigning light:
not even a real art,
not even a major
minor art

And yet,
out of the serene air:
a bolt
very sudden,

and blue

And for that bolt
he stopped

PRIMEIRA METAMORFOSE

Junto à praia,
estacou.

Perguntando-se: entrar
pelo mar dentro
fá-lo-ia mais largo
e generoso
—ou era melhor
roubar as asas desse
e voar
pelos céus

Retraídas as garras,
estacou

FIRST METAMORPHOSIS

At the beach,
he stopped

Wondering: would plunging
into the sea
make him larger
more generous
—or would it be better
to steal the other's wings
and fly
across the skies

Claws furled,
he stopped

DA CORAGEM

E sem pensar
no que seria o vento
a balouçar em ciprestes de sol,
penetrou na primeira
onda da luz

Mas não ficou mais largo,
nem melhor,
nem com maior coragem
de se dar

ABOUT COURAGE

And not thinking
about what the wind might be
swaying in the sunny cypresses,
he penetrated the first
wave of light

But he did not grow larger,
or better,
or brave enough
to give himself

SEGUNDA METAMORFOSE

Pensou então
no outro

De como serviriam no seu pêlo rente,
no seu olhar de trespassar prisões,
de rasgar barras,
ou na sua cabeça tão perfeita,
de orelhas muito breves,
mas capazes
de ouvir a mais fugaz
das mais serpentes
—como lhe serviriam
essas asas

Voar pelo céu todo
e ser mais que
feliz

SECOND METAMORPHOSIS

Then he thought
about the other

About what use they would be to his smooth pelt,
to his gaze that could pierce prisons,
tear down bars,
or to his perfect head,
with its ears so small,
but capable
of hearing the most fleeting
and most serpentine of serpents
—what use they would be to him
those wings

To fly across the whole sky
and be more than
happy

TERCEIRA METAMORFOSE

Ou ainda fazer
como fizera aquele
e descer ao mais fundo
das maiores
profundezas

E aí: o resgatar.
Ou atrever-se no sonho
do resgate

Mas as garras em fio
tão de brilhante
que temeu a descida
e o fogo das
muralhas

E majestosamente
recusou

THIRD METAMORPHOSIS

Or even do
what the other had done
and descend deep down
into the deepest
depths

And there: the rescue.
Or daring to dream
of rescue

But the sharp claws
so bright
that he feared the descent
and the fiery
walls

And majestically
he refused

DA MEMÓRIA

Uma réstia de pano
tecido
a solidão
lhe sobrara do tempo
em que outro fôra:
o de antes todo
da metamorfose

Guardara-a junto ao rio,
em esconderijo certo
de esconder

Mas às vezes,
à noite,
sentava-se nas patas
muito ágeis
e recordava

tudo:

ABOUT MEMORY

A scrap of woven
cloth
the solitude
left over from the time
when he was himself entire:
from long before
the metamorphosis

He had hidden it by the river,
in a hiding place perfect
for hiding

But sometimes,
at night,
he sat on his four
very agile paws
and remembered

everything:

DO AMOR

Tempos como de estrelas
ou largos alabastros
soluçados,
aquele que fingira ser o sol
e era pouco mais
que chama quieta,
o amor em violência
e cascavel
e saber que era assim:

olhos abertos,
entender que o veneno:
de dois gumes

ABOUT LOVE

Times like stars
or vast alabasters
broken-hearted,
the one who pretended to be the sun
and who was little more
than a still flame,
love as violence
and serpent
and him knowing this was so:

eyes wide open,
aware of the venom:
double-edged

ARTE TERCEIRA

Assalta-o a clareira.
O sol chega-lhe em cor
sem ser oblíquo
e revê-se em azul

Sobressaltar o tempo,
trazê-lo para trás um ano antes,
conseguir seduzir o mais amado,
e em fuga lenta,
o amor

como lembrança
de ferroada azul
de mil guerreiro

Isso ele desejava,
Mas tudo lhe era
ausente

THIRD ART

The clearing assails him.
The sun touches him with color
not obliquely
and he clothes himself in blue

Taking time by surprise,
dragging it back to a year before,
seducing his best beloved,
cooked over a low fugue,
love

as a souvenir
of the blue sting
of a thousand warriors

That is what he hoped for,
but all he was
was absence

QUARTA METAMORFOSE

Por isso precisara
da metamorfose,
de construir um pêlo fulvo
e rente,
em vez de pano largo
tecido a solidão

Era mais fácil enfrentar o sol,
era mais fácil lidar com as estrelas
que haviam construído um ninho
de ternura,
e depois desabado
da árvore mais larga,
no atónito
de tudo

Era mais fácil
a arte de ser
tigre

FOURTH METAMORPHOSIS

That is why he had needed
the metamorphosis,
to create a smooth
tawny pelt,
not a wide piece of cloth
woven out of solitude

It was easier to face the sun,
it was easier to do battle with the stars
that had built a nest
of tenderness,
and then felled
the tallest tree,
at the sheer astonishingness
of everything

Far easier
the art of being
a tiger

ARTE QUARTA

E essa arte
incluía:
ser de sol,
recusar intermédios
de sentir

E ter como tão certa:
a paixão escorregando
como lava,
como manteiga quente,
como guache azul
que, misturado em água muito forte,
desse uma cor intensa,
uma fragrância tal
que desmanchasse o sonho,
o transformasse em tela:

um girassol vermelho
e confiante

Ter um pêlo tão belo,
uma força tão longa,
uma capacidade tal de confundir
folha e aragem,
vento e canto de espuma
—era uma arte

Ele sabia. E aprenderia
contrastes, contrafortes

FOURTH ART

And that art
included:
being the sun,
rejecting intermediate ways
of feeling

And accepting as absolute:
the passion flowing
like lava,
like hot butter,
like blue gouache
which, mixed with the strongest water,
gave an intense color,
a fragrance such
that could destroy the dream,
transforming it into cloth:

a sunflower red
and confident

Having such a beautiful pelt,
such enduring strength,
such an ability to confuse
leaves and breeze,
wind and the song of sea foam
—was an art

He knew this. And he would learn
contrasts, counterpoints

ARTE QUINTA

Podiam vacilar os astros todos,
ou outras dimensões sobre
o vazio,
perguntando raízes
no que fôra universo mais atónito

Que, mesmo assim,
valido era-lhe tudo:
o espanto desse rosto,
o ser em órbita
de fio de amor
e vento

O tempo ficaria:
de farol,
como uma estrela ardente e
perturbante
em luz

Que pudesse depois,
no vestido maior de Cassiopeia,
ser frémito de azul

—ou paz

FIFTH ART

Let all the stars tremble,
and the other dimensions above
the void,
seeking roots
in what was a universe

Because, even so,
he loved it all:
the astonishment on that face,
the being in orbit
hanging by a thread of love
and air

Time would remain:
like a lighthouse,
like a fiery star
casting a troubling
light

Which could, later,
in Cassiopeia's capacious dress
be a tremor of blue

—or peace

ARTE FINAL

Teria,
confirmou entre neurónio
e instinto,
havia de ser fácil
a arte
de ser tigre

FINAL ART

It would be,
he decided between neuron
and instinct,
it must be easy
the art
of being a tiger

A MAIS PERFEITA IMAGEM

Se eu varresse todas as manhãs as pequenas
agulhas que caem deste arbusto e o chão que
lhes dá casa, teria uma metáfora perfeita para
o que me levou a desamar-te. Se todas as manhãs
lavasse esta janela e, no fulgor do vidro, além
do meu reflexo, sentisse distrair-se a transparência
que o nada representa, veria que o arbusto não passa
de um inferno, ausente o decassílabo da chama.
Se todas as manhãs olhasse a teia a enfeitar-lhe os
ramos, também a entendia, a essa imperfeição
de Maio a Agosto que lhe corrompe os fios e lhes
desarma geometria. E a cor. Mesmo se agora visse
este poema em tom de conclusão, notaria como o seu
verso cresce, sem rimar, numa prosódia incerta e
descontínua que foge ao meu comum. O devagar do
vento, a erosão. Veria que a saudade pertence a outra
teia de outro tempo, não é daqui, mas se emprestou
a um neurónio meu, uma memória que teima ainda
uma qualquer beleza: o fogo de uma pira funerária.
A mais perfeita imagem da arte. E do adeus.

THE MOST PERFECT IMAGE

If every morning I were to sweep up the little
needles that fall from this bush and sweep the ground that
serves them as a home, I would have a perfect metaphor for
what led me to fall out of love with you. If every morning
I were to wash this window and, in the dazzling glass, as well as
my reflection, I felt distracted by the transparency
that represents nothingness, I would see that the bush is merely
an inferno, lacking the decasyllable of the flame.
If every morning I were to look at the web decorating
its branches, I would also understand the imperfection that
from May to August corrupts its threads and
dismantles its geometry. And the color. Even if I saw
this poem as a conclusion, I would notice how its
line grows, unrhymed, into an uncertain,
broken prosody that flees from my usual me. The slowness of the
wind, the erosion. I would see that nostalgia belongs to another
web from another time, not from here, but lent itself
to a neuron of mine, a memory that clings stubbornly
to a kind of beauty: the fire from a funeral pyre.
The most perfect image of art. And of farewell.

FROM *A GÉNESE DO AMOR*

(2005)

TOPOGRAFIAS EM (QUASE) DICIONÁRIO

Reaprender o mundo
em prisma novo:
pequena bátega de sol a resolver-se
em cisne,
sereia harmonizando o universo

Só o vento sucumbe
à demais luz,
e só o vento,
como alaúde azul,
repete devagar os mesmos sons:

Não interessa onde estou,
não me faz falta um mapa
de viagem

Os teus dedos traçaram
ligeiríssima rota no meu corpo
e a curva topográfica
sem tempo
aí ficou, como sorriso, ou foz
de um rio sem nome

Não interessa onde estou:
esta linha de abetos ou pinheiros
que em declive se estende, branda,
leve, e se debruça em mar,
pode ser tudo

Pode mesmo ir buscar o cisne
ao verso acima
e colocá-lo aqui, sobre este verso,
agora,

TOPOGRAPHIES (ALMOST) AS DICTIONARY

Re-learn the world
from a different angle:
a small shower of sunlight resolving itself
into a swan,
a mermaid harmonizing the universe

Only the wind succumbs
to that excess of light,
and only the wind,
like a blue lute,
slowly repeats the same sounds:

It doesn't matter where I am,
I don't need a map
for the journey

Your fingers traced
the faintest of routes on my body
and the timeless topographical
contour
stayed there, like a smile, or the mouth
of a river with no name

It doesn't matter where I am:
this row of firs or pine trees
sloping downhill, softly,
lightly, leaning over the sea,
could be everything

It could even go looking for the swan
in the line above
and put it here, in this line,
now,

ou desorganizar um terço
da sereia e transformá-la
em ilha resumida
de uma paz qualquer

Não interessa onde
estou

Diz-se que os gregos
tinham cinco formas para falar
de amor.
Nós temos uma só, onde não cabe
o quase paradoxo
de que amor é tudo o que dele sabemos.
Nada mais

Era bom ter no verso
as formas todas, essas palavras todas
sempre à mão: pequeno dicionário
que soubesse de paisagens
de dentro

Não resistir ao tempo

Não sei se os gregos tinham várias
formas para falar da morte,
nem mesmo sei se o amor
foi buscar alguma dessas formas
para se definir

Há literatura que fala do que está
a montante do amor,
mas não lhe está—eros, tanatos,
a sua ligação, o seu estar-
entre-estar

or refashion a third
of the mermaid and transform her
into a brief island
of some kind of peace

It doesn't matter where
I am

They say the Greeks
had five ways of speaking
about love.
We have only one that has no room
for the near-paradox
that love is all we know of love
Nothing more

It would be good if this line contained
all possible forms, all possible words,
always to hand: a small dictionary
that knew about interior
landscapes

Not to resist time

I don't know if the Greeks also had various
ways of speaking about death,
nor do I know if love
went in search of one of those ways
of defining itself

Some literature talks about what lies
upstream from love,
and yet doesn't—eros, thanatos,
and their connection, their being-in-
-between-being

Mas tudo o que se sabe
repete-se em trajecto de sereia,
enigma de sereia
transmutada em cisne

Diz-se que só na morte
o cisne canta.

Mas é preciso organizar o vento
de forma a que o seu passo
seja mais que azul

Peço ao vento algum som,
alguma imagem
que seja tão brilhante e deslumbrada
como estas que aqui estão
à minha frente

Mas não responde o vento,
implausível que é o seu falar

A rota que traçaste permanece,
embora, e o corpo
reconhece-lhe o toque
desses dedos

Onde fica o que está descrito
em verso
no meio de tudo isto?

Onde se escondem as palavras
todas?
Sei que preciso de uma forma nova,
que precisava de palavra nova
para a moldura, ou cor

But everything we know
is repeated in the path traced by the mermaid,
the enigma of the mermaid
transmuted into swan

They say that only in death
does the swan sing.

But we need to organize the wind
so that as it passes
it is bluer than blue

I ask the wind for some sound,
some image,
less bright and dazzling
than those here
before me now

But the wind does not answer,
its language too implausible

The route you traced remains,
however, and my body
recognizes the touch
of those fingers

Where is what is described
here in this line
in the middle of all this?

Where do all the words
hide?
I know I need a new form,
that I need a new word
for the frame, or a color

Era essa aprendizagem
de um olhar
que me faltava agora

—sobra somente o sol
iluminando o sítio onde é inútil
o mapa de viagem

Tudo o resto: inventado
há mais de três mil anos,
por entre templos, degraus onde, sentados:
discípulos de ausente obediência

Recorro ao alaúde,
—mas só o verso fala
e me responde

Traços rimados, círculos
em fogo, fragmentos com que inundam
as palavras já escritas

Colo nelas o selo deste mar
e sonho que são estas as palavras.
Nesta manhã de sol,
olho-as assim,
sabendo-as de algum tempo,
quase templos sagrados em que pinto
o dia a cores,
que nem herdadas de mil gerações

Numa tradição nula de viagem,
são o único ponto
a resistir

It's an education
in how to look
that I lack now

—only the sun is unnecessary
illuminating the place where
no map is needed

Everything else: invented
more than three thousand years ago,
among temples on whose steps sit
undisciplined disciples

I turn to the lute,
—but only the line speaks
and answers me

*Rhymed contours, circles
of fire, fragments that flood
the words already written*

*On them I stick the stamp of this sea
and dream that these are the words.
On this sunny morning,
I look at them like that,
knowing they come from another time,
almost-sacred temples on which I paint
the day with colors,
brighter than the legacy of a thousand generations*

*In a long tradition of going nowhere,
they are the one sticking
point*

Tudo o resto: invenção
mais que plasmada,
multiplicados séculos
por cem

Mais de quatro mil anos
sobre o tempo novo,
e nada novo abaixo
deste sol

Talvez só este
abismo.
Interrompo no mapa
o precipício?

No traço dos teus dedos,
rota onde quase cabem: sereia,
o alaúde, o tempo,
nessa rota
—o suspendo

Everything else: an invention
tried and tested,
centuries multiplied
by a hundred

More than four thousand years
beyond the new time,
and with nothing new under
this sun

Perhaps only this
abyss.
On the map, shall I interrupt
the precipice?

In the line traced by your fingers,
a route with almost room enough for: mermaid,
lute, time,
on that same route
I pause—

FROM *ENTRE DOIS RIOS E OUTRAS NOITES*

(2007)

AS MAIS EPIFANIAS

Epifanias de absoluta dor:
olhar a luz maior e não cegar
—só a rasura toda da palavra:
vento tão rente ao chão,
colado a chão—ponto de apoio
ausente sobre o nada

Abismo—ou os demónios
lutando com Jacob,
contemplar o inferno e não descer
ainda, o resto—e não subir

Adiar algum tempo a cinza,
o pó, junto à entrada dessa catedral,
ausente de vitrais mil coloridos,
onde estarás,
meu pai:
só a mais pura dor sentida
como areia movediça,
ameaçando a luz

Depois, tecer um anel de fogo
em torno destes versos,
cindi-los de tal forma que reste
nem palavra—só a mais depurada
sensação, epifania da mais pura dor

O não atrevimento de olhar tudo
de frente, a fractura maior
—e não te ter, ainda:
só espreitar-te: o degrau,
e ver o sol—

THE GREATEST EPIPHANIES

Epiphanies of absolute pain:
staring into the great light and not going blind—
only the total erasure of words:
the wind so close to the ground,
glued to the ground—only an absence
to cling to over the void

The abyss—or the devils
wrestling with Jacob,
gazing into hell and not climbing down
not yet, not all the way—and not climbing up either

Putting off for a while the ash,
the dust, by the door of that cathedral,
with its utter absence of multicolored glass,
where you, my father,
must now be:
only the purest pain
like shifting sand,
threatening the light

Then, to weave a ring of fire
about these lines of verse,
to split them up so that
not a word remained—only the purest
sensation, an epiphany of purest pain

The not daring to look anything
in the eye, the great rupture
—and not to have you still here:
just watching you: a rung on the ladder,
the sun—

QUE ESCADA DE JACOB?

A meu pai (23 de Dezembro de 2002)

Na noite em que a lua foi pisada pela primeira vez,
ainda a preto e branco a sua imagem,
escafandros brancos, o reflexo do sol nas lentes baças,
a escada que descia, o pó sem gravidade que a bota levantou,
tão branco e mágico,
nessa magia de duas da manhã, hora local, daqui,
estavas comigo.

Comemos sopa às quatro da manhã,
e eu vejo ainda aquela sala, a mesa lá ao fundo,
o sofá grande, e eu de onze anos a sentir-me grande,
porque assim me fazias e falavas.
A lua a ser pisada: humana condição
pela primeira vez.

No dia em que as ciências em exame mais longo se faziam,
eu sem saber o grau das equações, que incógnitas havia
a resolver, era verão e o sol do lado esquerdo,
à esquerda da imagem tripartida à minha frente,
teimando-me a ignorância,
nessa angústia menor de três da tarde,
sabia-te sentado atrás de mim, na carteira de trás,
à espera, atravessado de nervos e ternura.

Passei. E eu vejo ainda o teu sorriso,
o pó sem gravidade no olhar, e eu, quinze anos a sentir-me
grande,
porque assim me parecia.
Uma galáxia à solta pelo corpo e o calor do sol
tão transparente.

WHERE—THAT JACOB'S LADDER?

For my father (23 December 2002)

On the night when humans first set foot on the moon,
still only in black-and-white,
white diving suits, sun glinting on dull lenses,
the ladder descending, the gravityless dust kicked up by the boot,
so white so magical
at that magical hour of two in the morning, local time,
you were here with me.

We had soup at four in the morning
and I can still see that living room, the table at the far end,
the big sofa, and my eleven-year-old self feeling so grown up
because that's how you made me feel, how you treated me.
A human boot setting foot on the moon
for the first time.

On the day I sat my longest science exam,
still not knowing my differential equations, or what unknowns
I would have to resolve, it was summer and the sun was on the
    left-hand side,
to the left of the tripartite image before me,
me stubbornly ignorant,
in the grip of that minor anxiety of three in the afternoon,
I knew you were sitting at the desk just behind,
waiting, anxious and tender.

I passed. And I can still see your smile,
the gravityless dust in your gaze, and my fifteen-year-old self
feeling so grown up,
because it seemed to me that I was.
A whole galaxy orbiting around my body and the sun
so warm so transparent.

No dia em que o meu corpo se atravessou de nova dor,
quase rasgado a meio, a luz do sol entrando
pela janela antiga, os tectos altos, brancos,
batas como escafandros,
nesse dia tão longo em que o sol caminhou até ao fim,
para do fim nascer, estiveste sempre lá.

Vejo-te ainda encostado à ombreira dessa porta alta,
a voz dos escafandros tentando sossegar-te,
e tu, a soluçar baixinho, retalhado entre amor
e alegria.

Na noite em que a lua te deixou,
em que deixaste de sentir a sua luz, o mais trémulo toque, tudo
o que assim nos faz: frágil, imensa, humana condição,
na noite dos fantasmas e escafandros cinzentos,
eu não estava contigo.

A que sabia a sopa que comemos?
Que escada de Jacob?

On the day that my body was pierced by another pain,
almost tearing me in two, the sunlight flooding in
through the old window, high white ceilings,
white coats like diving suits,
on that longest of days when the sun journeyed to its end
only to be reborn, you were still there.

I can see you now leaning against the frame of that tall door,
the voice of the diving suits trying to reassure you,
and you, sobbing gently, torn between love
and joy.

On the night when the moon left you,
when you stopped feeling its light, its most tremulous touch,
    everything
that makes us what we are: fragile, immense, human,
on that night of ghosts and grey diving suits,
I wasn't there with you.

What did our soup taste of?
Where—that Jacob's ladder?

COPÉRNICO, CHOPIN, BOEING 747

A meu pai

Não tenho linhas fáceis, não é tapete azul
o que agora me cruza com o céu,
só avião como asa de condor:
o mais seguro, dizias, que se fez

Mas o seu eixo
é de uma turbulência sem limites,
não vejo cinto que me agarre ao chão,
nem nível de distância confortável,
como quando tu estavas

Não tenho linhas suaves,
mesmo para fingir que não me lembro,
tu insistindo: "Repara nestas linhas: o mais
seguro e belo que se fez."
Ou então que Chopin era daqui, Copérnico
também, falares-me de Chopin
e das virtudes destes reactores

E eu fingir-me indiferente em estar ali,
mentindo uma mentira em turbulência simples,
que era prender-te aqui,
cinto brando e terreno
deste planeta azul

Não tenho linhas fáceis
para ti, e a quem posso falar
de reactores? A quem posso dizer,
fingindo que não sei,
que este avião: o mais seguro e belo

COPERNICUS, CHOPIN, BOEING 747

For my father

I have no easy lines, this is no blue carpet
carrying me across the sky,
only a plane like a condor's wing:
the safest ever made, you said

But at its axis
lies endless turbulence,
no safety belt to keep me anchored to the ground,
no safe, comfortable distance,
as when you were here

I have no gentle lines,
not even to pretend I don't remember,
with you insisting: "Look at those lines:
the safest and finest ever made."
Or that Chopin was from here, Copernicus
too, you talking to me about Chopin
and the virtues of these engines

And I would pretend not to care that I was there,
lying a lie in the present turbulent continuous,
which was a way of keeping you here,
soft, earthly safety belt
of this blue planet

I have no easy lines
for you, and who can I talk to now
about engines? Who can I tell,
pretending ignorance,
that this plane is the safest and finest

que se fez? Com quem
posso fingir Copérnico e Chopin?
Com quem posso fingir
que não me lembro?

Estou a voar, nem anjo, nem condor,
as nuvens são só nuvens,
perderam o azul,
tu não podes ouvir as linhas que te escrevo,
tu não podes ouvir-me,
e a turbulência:
um pequeno holocausto
que é só meu

Na vida, junto ao céu,
e rarefeito—
campo de neve   neve,
portão   sobre   o vazio

ever made? With whom
can I imagine Copernicus and Chopin?
With whom can I pretend
I don't remember?

I am flying, neither angel nor condor,
the clouds are merely clouds,
having left all the blue behind,
you cannot hear the lines I'm writing for you,
you cannot hear me,
and the turbulence is
a small holocaust
that is mine alone

In life, so close to the sky,
so rarified—
a field of snow   of snow,
a doorway   into   the void

FROM *SE FOSSE UM INTERVALO*

(2009)

ECOS

Em voz alta, ensaiei o teu nome:
a palavra partiu-se
nem eco ínfimo neste quarto
quase oco de mobília

Quase um tempo de vida a dormir
a teu lado e o desapego é isto:
um eco ausente,
uma ausência de nome
a repetir-se

Saber que nunca mais: reduzida
a um canto desta cama larga,
o calor sufocante

Em vez: o meu pé esquerdo
cruzado em lado esquerdo
nesta cama

O teu nome num chão
nem de saudades

ECHOS

I tried saying your name out loud:
the word broke in two
not even the faintest echo in this room
almost bare of furniture

Almost a lifetime spent sleeping
beside you and this is all that's left:
an absent echo,
an absence of name
repeating itself

Knowing that never more: shrunk
into one corner of this wide bed,
the suffocating heat

Instead: my left foot
slides over to the left side
of the bed

Your name lies discarded on the floor,
quite empty now of longing

IREI AGORA CARREGAR O TEMPO

Irei agora carregar o tempo
de mil relâmpagos,
tempestades de agosto
e algum rio.
E nele falarei sem
sequer trovas

Habitarei as coisas de tal forma
como a lareira esguia do meu lado,
o tempo carregado de chamas
e de mim

Do tecto desta sala pendem coisas
muito antigas de usar,
mas o que mais me atrai é a chaleira:
tão de ferro e polida,
terá mais de cem anos e uma história
com águas e com tempo,
antes deste seu tecto
—e a solidão

Recorda-me a paixão ainda verde,
as chamas do inferno a consumi-la
sem nunca a destruir.
E uma noite de vento e tempestade,
com que uma vez me assassinei de amor,
e incendiei dezembro

I WILL GO NOW AND LOAD UP TIME

I will go now and load up time
with a thousand lightning bolts,
August storms
and a few rivers.
And I will speak of it
without so much as a rhyme

I will inhabit things in the way
this tall slender fireplace does,
time laden with flames
and me

From the ceiling of this room hang
certain very ancient things,
but what attracts me most is the kettle:
so iron-hard and polished,
it must be more than a century old and have a story
full of water and time,
older than this ceiling
—and its solitude

It reminds me of passion when it was still green,
being consumed by the flames of hell
but never destroyed.
And of one windy, stormy night,
when I once murdered myself with love,
and set fire to December

FROM *VOZES*

(2011)

A CERIMÓNIA

Sagrei-os, aos meus filhos

Fiz o que era esperado de mim,
mas a minha lembrança era do avesso,
para o futuro,
e estava toda nas rosas
que o tempo haveria de trazer,
em forma das guerras do meu país.

Dessas guerras me lembro,
mas nunca cheguei a ver a guerra
que a ambição e os sonhos lhes doaram.

Sagrei-os na minha mente,
antecipando o gesto de outra
que teria o meu nome.

Nesse dia, de manhã cedo,
era ainda escuro, e no quarto,
mesmo descerradas as cortinas,
quase não entrava a luz.

As aias ajudaram-me a vestir, e eu,
como sempre acontecia depois de acordar
e enquanto não chegavam as horas do dever,
lembrei-me do meu pai, do meu país,
dos seus campos muito verdes atravessados
por rebanhos, da chuva do meu país,
tão contínua como as minhas saudades.

Quando acabei as recordações
e o choro de silêncio,
chamei-os na minha mente

THE CEREMONY

I consecrated them, my sons

I did what was expected of me
but my memory was turned the other way,
towards the future,
fixed entirely on the roses
that time would bring
in the form of my country's wars.

I remember those wars,
but never actually saw the war
that ambition and dreams bestowed on them.

I consecrated them in my mind,
anticipating the gesture of another woman
who would bear my name.

On that day, early in the morning,
it was still dark, and in the room,
even with the curtains open,
almost no light entered.

The maids helped me dress, and,
as always happened on waking
and until it was time for my duties to begin,
I thought of my father, of my country,
of its intensely green fields crisscrossed
by sheep, of the rain in my country,
as unending as my longing for home.

When I finished my remembering
and my silent weeping,
I summoned them up in my mind

A todos ofereci prendas.

Ao primeiro dei um ceptro
enfeitado de papel e de palavras,
ao segundo, uma espada de aço brilhante,
ao terceiro, o gosto pelo mundo,
e ao último, contei-lhe o caminho
de água verde e espuma alta
por onde eu tinha chegado;
mostrei-lhe o mar,
ao longo das muitas tardes
em que eu própria sonhava
com as margens que havia deixado
para trás

Se pudesse sentar-me novamente
junto àquela janela,
a espada brilhante que dei a esse meu segundo filho
tê-la-ia transformado em arado,
ou em pequena lamparina,
porque, ao dar-lhe a espada,
dei-lhe também o resto de matar e de morrer

Antes lhe tivesse dito, vezes sem conta,
como é belo o mundo
e poder falar dentro dele.
Ou antes lhe tivesse mostrado só o mar,
como fiz com esse filho
junto de quem me cansava
das saudades da minha terra

Uma prenda, porém,
me é boa na memória:
a do papel e das palavras.

I gave each of them a gift.

To the first I gave a scepter
wrapped in paper and words,
to the second a sword of bright steel,
to the third a taste for discovering the world,
and to the last I described the path
of green water and high foam
along which I had traveled;
I showed him the sea,
during the long afternoons
when I myself would dream
of the shores I had left
behind

If I could once again sit
at that window,
I would turn the bright sword I gave my second son
into a plow,
into a small lamp,
because, in giving him that sword,
I also gave him the means to kill and to die

I should have told him instead, over and over,
how beautiful the world is
and having the words to speak of it.
I should instead have shown him only the sea,
as I did with that other son
with whom I wore myself out
longing for my own land

One gift, though,
is sweet to my memory:
that of paper and words.

Dispensaria o ceptro,
mas era ele que segurava palavras e papel.
Dessa prenda não me arrependo,
e quase me regozijo um pouco
por aquilo que fiz nessa manhã fria e escura,
em que os chamei aos quatro
para junto da minha mente
e do meu coração

Mas o que fizeram de mim,
naquele dia há tantos anos, quando, quase menina,
me ajudaram a subir para o bote
e depois para o navio
que me haveria de levar a uma terra
que eu não conhecia,
a uma língua que não era a minha língua?

Onde ficaram as minhas tardes
molhadas de chuva?
E a memória que de mim ficou,
porque não fala ela dos meus campos verdes
e das sombras dos rebanhos que os atravessavam?
Porque me nega essa memória
as rosas que, em futuro,
e ditas como guerra,
haveriam de dizimar tanta da minha gente?

Por que outra noite trocaram
o meu escuro?

I would dispense with the scepter,
but that was what kept paper and words together.
No, I do not regret that gift,
and almost rejoice a little
for what I did on that cold, dark morning,
when I summoned the four of them
into my mind,
into my heart

But what were they thinking,
on that day many years ago, when they helped me,
still almost a child, to climb into the boat
and then on board the ship
that would carry me to a land
I did not know,
to a language not my own?

Where did they go, my afternoons
wet with rain?
And what of the memory of myself that remained,
why does it not speak of my green fields
and the shadows of those crisscrossing sheep?
Why does that memory
deny me the roses that, in the future,
and in the guise of war,
would destroy so many of my people?

With what new night did they replace
my darkness?

GALILEU, A SUA TORRE E OUTRAS ROTAÇÕES

Andamento 1

Olhando agora a mesma torre
onde há trezentos e tal anos ele subiu,
estaria um pouco mais na vertical,
e o sonho em fio
de prumo—

O que dele disseram
foi o ter contemplado
estrelas e mais estrelas,
incomodando togas não de lume,
mas de uma
obliterada fé em fumo

Os séculos haviam de contar
da celeste estrutura,
mais azul que os vestidos
da Virgem em menina,
haviam de mostrar
como esta outra estrutura
cede a outros olhares:

os do flash rompendo movimentos,
tentando aprisionar—um
sentimento? o registo de um dia
ou de uma hora?

O que dele contaram
perdeu-se pelo brilho das estrelas,
e assim o resguardaram
em poemas, museus, guias turísticos,

GALILEO, HIS TOWER AND OTHER ORBITS

First movement

Looking now at the very tower
he climbed three hundred or so years ago,
it would have been slightly more upright then,
and his dream
plumbline-perfect

What they said
was that he had studied
stars and still more stars,
angering not passionate, fiery minds
but
a burned-out, obliterated faith

The centuries would speak
of the celestial structure,
bluer than the young Virgin's
dress,
they would show
how this other structure
succumbs to these other gazes:

camera flashes freezing movement,
attempting to imprison what?
A feeling? The record of a day
or an hour?

What they said about him
was lost in the glow of the stars
and so they shut him up
in poems, museums, tourist guides,

nomes de ruas e de hotéis sem nome,
o seu nome rodando
quase a repetição

Sobre mortos vagamos,
como a Terra, numa veste diferente
e ainda igual,
e nela nos movemos, como ela,
como ele e outras alturas

Custa mais que um salário
em terras que são quase ao pé de nós,
divididas por súbita península
e um mar tão morno,
custa mais que um salário
subir a esta torre onde ele foi
e se perdeu de amores
por inércias e corpos

Nessas terras tão próximas—
remotas—
ela, contudo, move-se:
tão bela, a sua translação
em torno de uma
estrela

tão bela e mais cruel
que aqui—

Andamento 2

Mas como nós:
tão comoventemente
relativa e frágil,

street names and anonymous hotels,
his name orbiting
almost repetitively

We walk over the dead,
like the Earth, wearing a dress at once
different and the same,
and on her we move, as she does,
as he did, reaching other heights

It costs more than the average wage
in lands almost our neighbors,
separated only by a sudden peninsula
and by a warm sea,
it costs more than the average wage
to climb the tower he climbed
and where he fell in love
with inertias and celestial bodies

In those lands so near—
so far—
she, however, moves:
so beautiful, in her orbit
around a
star

so beautiful and so much crueller
than here—

Second movement

But like us:
so touchingly
relative and fragile,

imersa em hélio e os outros gases
que lhe deram vida:

jovem mulher de um século passado,
educada, composta, semi-obediente:
ebulição e magmas
nas paisagens de dentro
e um leve traço de vermelho
aceso
a espreitar-lhe entre-rendas

Alguns milénios antes,
poucos para as estrelas que ele viu,
a dissonância
ao lado da caverna
em protecção e espanto

E muito antes
dessa lenta fusão de gases densos,
nem rotação de luz—
o que seria dela:
inenarrável ponto de interrogação

Tão frágil como nós,
moveu-se, assim,
num momento qualquer desconhecido,
vazio de tempo,
até que a meio dos tempos,
após inumerável paciência:

fissura humana:

os olhos levantados,
e em vez do chão:
o mar e o horizonte,

immersed in the helium and other gases
that gave her life:

a young woman from some past century,
polite, composed, semi-obedient:
boiling points and magmas
occupying inner landscapes
with just a hint of bright
red
peeking out from among the lace frills

A few millennia before,
hardly any time at all for the stars he saw,
dissonance
beside the cave
that both protected and amazed

And long before
that slow fusion of dense gases,
long before light—
what would become of her:
an indescribable question mark

As fragile as us,
she moved, thus,
at some unknown moment,
empty of time,
until midway through time,
after incalculable patience:

the human fissure:

looking up,
and seeing not the earth,
but the sea and the horizon,

e mais no alto:
a branca companheira
das noites e dos medos

Ou quando nela
se fez em vez do toque: um som,
e em vez do som, mil sons,
a garganta a servir tempos de música
e não gritos de alarme

Moveu-se, então,
e frágil, relativa,
as procissões de reis, as multidões de gentes,
monumentos à glória
e ao desejo
a demorarem séculos

—um piscar de olhos
para estrela
nova

Andamento 3

O muro cor de fogo
ao lado desta torre:
carregado com átomos de mortos,
o pó de outras
estrelas

Onde o lugar
para falar da súbita península
onde se nasce junto a paredes meias
com a morte?

and higher up still:
the white companion
of our nights and fears

Or when from the human throat
came not a gasp, but a sound,
not a sound, but a thousand sounds,
musical notes
not cries of alarm

She moved then,
and fragile, relative,
the processions of kings, the multitudes of people,
monuments to glory
and to centuries-delayed
desire

—a mere blink of the eye
for a new
star

Third movement

The wall the color of fire
beside this tower:
laden with the atoms of the dead,
the dust of other
stars

Where is the right place
to speak of that sudden peninsula
where people are born cheek by jowl
with death?

Inútil tudo?
O flash, o sentimento,
manchas solares?
Um argumento nómada
será?

Ali, junto
da terra, o terramoto,
eppur si muove

este, o meu tempo,
em súbito vagar

Andamento 4

Calcula-se que dentro de
cinco biliões de anos,
murchará: como maçã
num sótão às escuras,
a luz rompendo pelas vigas largas:
um brilho muito fresco

Quantos vitrais soprados pelo tempo,
sagrados pelas chuvas
para agarrar o tempo?
Quantos vitrais
hão-de faltar ainda?

Há quase quatro séculos
ele subiu aqui

À janela do tempo,
as civilizações brotam e morrem,
desabam devagar,

Is it all pointless?
The camera flash, the feeling,
the sunspots?
Is this merely
a nomadically returning
argument?

There, on
the ground, the earthquake,
eppur si muove

this, my time,
suddenly slows

Fourth movement

They reckon that in
five billion years
she will shrivel up: like an apple
in a dark attic,
the light bursting through the broad beams:
a very cool light

How many windows blown by time,
made sacred by the rains
so as to cling on to time?
How many windows
still to come?

Almost four centuries ago
he climbed this tower

At the window of time,
civilizations spring up and die,
slowly collapse,

e outras vertigens
hão-de romper ainda,
expandidas em luz

O que sobrar de nós:
só pó de estrelas

Num acaso feliz:
talvez grão de poeira desta torre,
talvez um átomo
da sua gola branca (a do retrato),
a simular curva sinusoidal,
o seu olhar
girando em torno
de um planeta novo

Bordado a fio de estrelas,
desabará o som
em outras rotações

Então, talvez o jovem átomo
a testar o tempo
seja também semi-obediente,
moldura em gás e luz
do andamento próximo:
o quinto
movimento—

and other vertigos
will yet burst forth
exploding into light

And what will remain of us:
only stardust

By some happy chance:
perhaps a speck of dust from this tower,
perhaps an atom
from his white collar (the one in the painting),
simulating a sinusoidal curve,
his gaze
circling around
a new planet

Embroidered with star-thread,
the sound will collapse
to form new orbits

Then perhaps the young atom
testing time
will also prove semi-obedient,
framing in gas and light
the next movement:
the fifth—

FROM *ESCURO*

(2014)

DAS MAIS PURAS MEMÓRIAS: OU DE LUMES

Ontem à noite e antes de dormir,
a mais pura alegria

de um céu

no meio do sono a escorregar, solene
a emoção e a mais pura alegria
de um dia entre criança e quase grande

e era na aldeia,
acordar às seis e meia da manhã,
os olhos nas portadas de madeira, o som
que elas faziam ao abrir, as portadas
num quarto que não era o meu, o cheiro
ausente em nome

mas era um cheiro
entre o mais fresco e a luz
a começar era o calor do verão,
a mais pura alegria

um céu tão cor de sangue
que ainda hoje, ainda ontem antes de dormir,
as lágrimas me chegam como então, e de repente,
o sol como um incêndio largo
e o cheiro as cores

Mas era estar ali, de pé, e jovem,
e a morte era tão longe,
e não havia mortos nem o seu desfile,
só os vivos, os risos, o cheiro
a luz

ABOUT THE PUREST MEMORIES: OR ABOUT LIGHT

Last night, just before sleeping
the purest of joys

a sky

came slipping into my almost-sleep, a solemn
feeling the pure joy
of a day when I was half-child half-grown

in the village it was
waking at half past six in the morning,
eyes fixed on the wooden shutters, the sound
they made when opened, the shutters
of a room not mine, the smell
its name absent

but a smell
between cool and just-beginning
light it was the summer heat,
pure joy

a sky so blood red
that even today, even yesterday before sleeping
the tears come as they did then, and suddenly
the sun like a spreading fire
and the smell the colors

But it was being there, being so young
and death so far off,
when there were no dead no funeral processions,
only the living, the laughter, the smell
the light

era a vida, e o poder de escolher,
ou assim o parecia:

a cama e as cascatas frescas dos lençóis
macios como estrangeiros chegando a país novo,
ou as portadas abertas de madeira
e o incêndio do céu

Foi isto ontem à noite,
este esplendor no escuro e antes de dormir
....

Hoje, os jornais nesta manhã sem sol
falam de coisas tão brutais
e tão acesas, como povos sem nome, sem luz
a amanhecer-lhes cor e tempos,
de mortos não por vidas que passaram,
mas por vidas cortadas a violência de ser
em cima desta terra sobre outros mortos
mal lembrados ou nem sequer lembrados

E eu penso onde ela está, onde ela cabe,
essa pura alegria recordada
que me tomou o corredor do sono,
se deitou a meu lado ontem à noite

tomada novamente tornada movimento,
mercadoria bela para cesta de vime muito belo,
como belo era o céu daquele dia

Onde cabe a alegria recordada
em frente do incêndio que vi ontem de noite?
onde as cores da alegria? o seu corte tão nítido
como se fosse alimentado a átomo
explodindo

it was life and being able to choose,
or so it seemed:

the bed and the cool cascades of sheets
soft as strangers arriving in a new land,
or the wooden shutters open
and the fire of the sky

This was last night,
this splendor in the dark, before sleeping
....

Today, the newspapers on this sunless morning
speak of things so brutal
and so flagrant, like peoples without names, without light
to bring them dawn colors and times,
of dead people who did not pass through life
but had their lives cut short the violence of standing
on this earth on others who have died
scarce remembered or remembered not at all

And I wonder where it is, where it fits
the pure recollected joy
that met me on the corridor into sleep,
and lay down beside me last night

remade made motion,
beautiful merchandise to fill a very beautiful wicker basket,
as beautiful as the sky that day

Where does joy recollected fit
face to face with the fire I saw last night?
and where the colors of joy? its shape as clear
as if fed by some atom
exploding

como fazer de tempo? como fingir o tempo?
....

E todavia os tempos coabitam
E o mesmo corredor dá-lhes espaço
e lume

And what of time? How make mock of time?
…….

And yet different times coexist
And the same corridor gives them space
and light

ENTRE MITOS: OU PARÁBOLA

Para Anastasis Vistonitis

Não sabiam,
os que viviam felizes nas margens do Nilo,
da chegada daqueles que os haviam de reduzir a quase
    escombros,
nem dos que mais tarde lhes haviam de roubar terras e ideias
e saquear a beleza das pedras em perfeito equilíbrio, e noite e luz
    perfeita,
à procura das jóias e do ouro e de um conhecimento
que não lhes pertencia.

Não sabiam,
porque viviam no centro do seu tempo,
e o centro do tempo não sabe nunca o que lhe irá ser percurso,
como um rio que corre não conhece a sua foz,
só as margens por que passa e o iluminam, ou ensombram.

E ainda que nas margens do Nilo
não habitassem só os que muito possuíam,
mas também aqueles que pouco tinham de sustento e tecto,
unia-os a todos essa crença de uma paz futura,
de atravessar outras margens e encontrar paz.

Não sabiam o que vinha,
nem ao que vinha a sua história, como não sabem nada
os humanos que habitam este antigo sol azul.

Mas haviam de ter pressentido esse final,
e a alegria dos ciclos e dos aluviões
deve ter sido acompanhada de angústia pela chegada dos exércitos,

BETWEEN MYTHS—OR A PARABLE

For Anastasis Vistonitis

They did not know,
the people living happily on the banks of the Nile,
about the arrival of those who would reduce them almost to rubble
who would steal from them lands and ideas
and plunder the beauty of their perfectly balanced stones, along
with night and
perfect light,
in search of jewels and gold and a knowledge
not theirs to have.

They did not know,
because they were living in the very center of their time,
and the center of time never knows where its path might lead,
just as a flowing river knows nothing of the sea,
only the banks past which it flows and that shed either light or
    darkness.

And even though the banks of the Nile
were inhabited not only by those who had everything,
but also by those who had scant food and poor housing,
bound together by their belief in a future peace,
that they would one day cross over to other shores and find peace.

They did not know what was coming,
nor where their story was going, just like the humans
who inhabit this ancient blue sun,

But they should have foreseen that ending,
and the joy they took in the seasons and the alluvia
should have been accompanied by fear when the armies arrived,

que lhes prometiam mais bem-estar e mais paz,
dizendo-lhes que para haver paz e bem-estar eram precisas
alianças e o abandono de crenças e uma história nova
a dizer-se mais útil.

Muito mais tarde,
deles ficaria uma memória a servir livros e mitos,
e o rumor do deserto,
e as perfeitas construções de pedra resistente,
e a sua escrita, bela e útil, que demorou anos a decifrar.

E muito disto não ficou na sua terra, às margens do Nilo,
mas foi roubado, e viajou em navios, por mares diferentes,
até museus e praças de outras cores
onde ganharia outros cheiros e outros sentidos.
Sempre assim parece ter acontecido
com o tempo e a história.
Sempre assim parece acontecer.

A não ser que uma esfinge se revolte
e ganhe voo, como a esfinge de um outro povo,
não às margens do Nilo, mas de um mar
povoado de mitos e pequenas ilhas.

Também não sabe, essa esfinge resguardada em Delfos,
de como irá ser o futuro das coisas e do tempo,
mas sabe da chegada dos que, em nome de um equilíbrio novo,
dizem poder salvar os tempos.

Talvez lhe sejam de auxílio o corpo de leão
e, levantadas, as asas.

promising them more well-being and more peace,
telling them that to have peace and well-being they needed
to form alliances, to abandon their beliefs and to write a new
  history,
a more useful one

Much later,
all that would be left was a memory, food for books and myths,
and the murmur of the desert,
and the perfect constructions made of enduring stone,
and their beautiful, useful writing, that took years to decipher.

And much of this did not stay there in their land, on the banks of
  the Nile,
but was stolen and traveled in ships across different seas,
to different-colored museums and squares
where it would take on different smells and different meanings.
This is what always seems to have happened
with time and history.
This is what always seems to happen.

Unless a sphinx were to rebel
and take flight, like the sphinx of another people,
not from the banks of the Nile, but from a sea
populated with myths and small islands.

Not even the closely guarded sphinx in Delphos knows
how the future of things and time will be,
but it knows about the arrival of those who, in the name of a new
  equilibrium,
claim they can save the times we live in.

Perhaps its lion's body will help
and its unfurled wings.

E o enigma,
que pouco importa aos donos do equilíbrio,
mas que dizem ser a fonte da poesia.
E é a fonte de onde a carne desperta,
nas margens do humano.

And the enigma,
which matters little to the masters of that promised equilibrium,
but which is said to be the wellspring of poetry,
as well as the spring where the flesh awakes
on the banks of the human.

EUROPA (Poema 1)

É o teu sono
ou o amor de ti
que assim me faz ficar:

ao teu alcance,
mas tu: impossível?

Que monstros te povoam
tão distante de mim?

Se os sonhos o quisessem,
ainda assim os medos
te guardavam

Descoberta,
sentei-me ao teu alcance,
à espera dos teus olhos—

EUROPE (Poem 1)

It is your sleep
or my love for you
that makes me stay:

close by,
but you: beyond my reach?

What monsters inhabit
your now distant self?

If this is what you dreamed of,
even then your fears
would still protect you

Naked,
I sat down close by,
waiting for your gaze—

EUROPA (Poema 2)

Pouco fita a Europa, a não ser mortos
por múltiplos disfarces: química luz,
os lumes tão reais, os nomes amputados
pelos números, mesas de número fartas

Alguma vez fitou? De que roubos e fúrias
lhe foram as paisagens? E ao assomar
defronte à maior arte sua (sinfonias abertas
como nuvens, as cores mais deslumbrantes,

rochas pintadas em soberbas linhas,
os comoventes traços e palavras),
mesmo defronte a si, distante e bela,
que ventos lhe assomaram os cabelos?

Mesmo nesse arrepio novo de um século,
que prenúncios viu ela? Guerras a destruir-lhe
solo e gentes, o brilho azul da lua nas
trincheiras, a mais pura impiedade reluzindo

Não tem olhos agora de fitar, se alguma vez
os teve: perdeu-os noutras guerras.
Resta-lhe debater-se, como golfinho em dor
preso nas redes. Não tem olhos, nem mãos,

nem fita nada, a Europa. Nem cotovelos tem
que possam suportar justiças e bondade.
E mesmo aqui, se para aqui olhasse, nada veria,
a não ser outros gritos. Sem voz. Sem sul.

Sem esfinge que deslumbre.

EUROPE (Poem 2)

Does not have much to gaze at, only people murdered
by multiple disguises: chemical light,
blazing fires, names amputated
by numbers, tables crammed with numbers.

Did she ever see anything? What thefts and furies
formed her landscapes? And standing
before her finest art (symphonies open
as clouds, dazzling colors,

rocks painted with exquisite lines,
with touching marks and words),
even standing before her, so distant, so beautiful,
what winds stirred her hair?

Even with the sudden breeze of the new century,
what futures did she see? Wars destroying
lands and people, the blue light of the moon
on the trenches, the purest of impieties gleaming

She has no eyes to see with now, if she ever
had: she lost them in other wars.
All she can do is struggle, like a suffering dolphin
trapped in the net. She has no eyes, no hands

Europe sees nothing. She does not even have elbows
to hold up justices or goodness.
And even here, were she to look over here, she would see nothing,
Only more screams. No voice. No south.

No dazzling sphinx.

FROM *E TODAVIA*

(2015)

PEQUENA ODE, EM ANOTAÇÃO
QUASE BIOGRÁFICA

Bom dia, cão e gata,
por essa saudação e de manhã,
o corpo de veludo, a língua suave,
em simultânea tradução:
bom dia

Bom dia, sol, que entraste aqui,
me ofereces este espelho
onde me vejo agora, e tão de frente,
tornaste um pouco clara a folha de papel
e nela: em faixa transparente,
o tempo

Bom dia, coisas todas que brilham na varanda,
folha de japoneira, o nome cintilante,
o som daquele pássaro,
como se o mundo, de repente,
se fizesse mais mundo, e de maneira tal
que nunca mais se visse
escurecente o dia

Bom dia, gente pequenina
que não consigo olhar desta cadeira,
mas que está: formigas e aranhas,
minúsculos insectos
que hão-de morrer, mas aqui nascerão,
todos os dias

Bom dia, minha filha, igual a girassol,
quantas mais vezes te direi bom dia,

MINI-ODE, IN THE FORM
OF A SEMI-BIOGRAPHICAL NOTE

Good morning, dog and cat,
and thank you for your early morning greeting,
velvet body, soft tongue,
which means, in simultaneous translation:
Good morning

Good morning, sun, and thank you for coming in
and offering me this mirror
in which I see myself, full face,
your bright light lightening this sheet of paper
and inscribing on it, with one transparent ray,
time

Good morning to all things glossy out on the balcony,
the leaves of the camellia, whose very name shines,
the song of that bird,
as if the world, suddenly,
had become more world, and in such a way
that we might never again see
the day darken

Good morning to all those tiny creatures
invisible to me from my chair,
but who are all there: ants and spiders,
minuscule insects,
all doomed to die, but who will still be born here,
every day

Good morning, daughter, so like a sunflower,
how many more times will I say good morning,

olhando o corredor,
tu, já não de baloiço, mas de amor
e pura filigrana,
eu, quase entardecendo

Bom dia, meu sofá,
onde me sento à noite, e devagar,
as flores que ora não são, ora às vezes
povoam esta mesa, a porta em vidro,
iluminada, em mais pura esquadria,
livros e quadros, curtas
fotografias em breve
desalinho

Bom dia, a ti também,
pelo perfume em fio que me trouxeste,
como se encera um chão rugoso de madeira,
os veios de uma planta desejosa de folhas,
ou mesmo as falhas na paz que me ofereceste,
e que desejo tua

Mesmo no tom cruel
que é acordar todos os dias
para um mundo sem sol em tantas mãos,
mesmo nesse desmando e tão violento curso
que é o mundo,
ainda assim, esta pequena anotação
de abrir os olhos e dizer bom dia,
e respirar de fresco o ar de tudo
em tudo—

glancing over at the corridor,
you, no longer to be lulled to sleep, but pure love
pure filigree,
and my sun almost setting

Good morning, sofa,
where I sit at night, slowly,
the flowers sometimes absent and sometimes
peopling this table, the glass door,
illuminated, all right angles,
books and paintings, small
photographs in brief
disorder

Good morning to you too
and thank you for the thread of perfume you brought me,
waxing a rough wooden floor
or the veins of a plant eager for leaves,
or even the flawed peace you gave me
the same peace I wish for you

Despite the discordant note
of waking each morning
to a world full of so many sunless hands
despite the disorderly, violent, rushing current
that is the world,
despite all, here is this brief note
on opening my eyes and saying good morning
and breathing in the newly-fresh air filling
everything—

ELECTRICIDADE

Mal fechada a torneira
e no silêncio
o ruído invasor: uma gota
pequena, regular

Como um prego mental
dilacerando: agudo o som
da água. Em tortura a memória,
o espaçamento de aguardar
outra gota

outro chicote azul
na tempestade

ELECTRICITY

The not-quite-turned-off tap
and in the silence
the invasive sound: a drop
small, regular

Like a nail in the brain
tearing: the sharp sound
of water. The torture the memory
the time spent waiting
for the next drop

the next blue whiplash
in the storm

NÃO SEI COMO DIZER, E TODAVIA,

é quando de repente:
o reclinar pacífico dos montes
e o sol de frente, apontado ao azul,
em nuclear inofensiva
e bela

ou quando de repente
(vogais para dizê-lo são sem ser):
esse rio tão rasgado de estuário
e o rasto que o navio sobre ele foi:
iluminado à luz mais luz,
em explosão de memória:

aquelas mãos,
segurando uma tarde

é quando de repente,
tudo invade: o horizonte
de recorte fundo,
que nem tesoura a céu
recortaria,

e de dentro ressalta,
perto e longe,
e é como uma cratera
onde se alargam nuvens e gigantes
e súbitos castelos—

e tudo faz sentido,
mesmo sem eu saber
como falar

I DON'T KNOW HOW TO SAY IT, AND YET,

it's when suddenly:
the peacefully reclining mountains
and the sun above, pinpointing the blue,
a lovely
nuclear inoffensive

or when suddenly
(the vowels to say it don't exist);
that river turned vast estuary
and the trace that was the ship sailing it:
lit by light upon light,
an explosion of memory:

those hands,
cupping an afternoon

it's when suddenly,
everything invades: the horizon
cut deeper into the sky
than ever scissors
could,

and it rises up from inside,
near and far,
and it's like a crater
over which hover clouds and giants
and sudden castles—

and everything makes sense,
even though I don't know
how to say it

INCOMPARÁVEIS RECEITAS

Dizem que não se deve comparar humano
a coisas ou sabores. Mas há vinhos do Porto
muito velhos que escorrem lentamente pelo copo,
em mil carícia e cor

E como se ama um vinho muito doce,
assim—também a alguém se pode
entretecer de amor

E há depois os assados muito louros, de cheiro
a escorregar pela cozinha, batatas a seu lado
como monjas em preces de capela,
e um arroz quase solto, onde cozeu estrofe
do principal

Como a esse, ao produto final
entre batata, carne, arroz,
assim—também a alguém se pode
e devagar tecer

E há finalmente o céu, mas no seu romantismo
tão cansado, é pequeno, diverge do que quero,
falhando no sabor—antes assado, ou vinho
em cor de sol, ao copiar aqui
essa antiga receita
para amor

INCOMPARABLE RECIPES

They say you shouldn't compare humans
with things or flavors. But there are venerable Port wines
that pour slowly into the glass,
all caress and color

And just as you can love a very sweet wine
like that—so you can also
entwine someone with love

And then there are those golden roasts, their aroma
filling the kitchen, the potatoes beside them
like nuns at prayer in chapel,
and a dish of almost fluffy rice, cooked along with
the main stanza

And just as you can love the final product,
potato, meat and rice—
so you can also
slowly entwine someone's heart

And finally there is heaven, but its romanticism
is so old hat, and it's so small too, and not what I want,
not flavorful enough—I'd rather have a good roast or a wine
the color of the sun, to copying out here
that old recipe
for love

O DIA DE SE ESTAR

Com este sol assim
em estar-se vivo,
o dia de hoje devia ser um dia abastado

Um dia mais comprido, cheio de presenças,
que se pudesse estender
e inclinar
num e noutros sentidos

Um sol assim pôr-se-ia mais tarde
e mais vermelho,
e, como é Verão, a linha entre o mar e o céu
havia de confundir-se mais por este ser
o dia de se estar tão simplesmente
vivo

Era um dia melhor, devia ser
um dia melhor,
sem relação entre o rico e o bom,
só relação entre o melhor e o que bastasse,
e o que não bastasse,
e as relações todas à margem do bastar

como as que haveria (se este dia assim fosse)
entre o céu e o mar

A DAY FOR JUST BEING

With a sun like this
a sun for just being alive,
today should be a very full day

A longer day, full of presences,
a day that could be extended
and inclined
in various directions

A sun like this should set later
and be much redder
and, since it's summer, the line between sea and sky
should be more blurred because this is
a day for just, quite simply,
being alive

It would be a better day, it should be
a better day,
with no relation between wealth and goodness,
only between the best and enough,
and what isn't enough,
and with all relationships based on there being enough

just as there would be (if this were such a day)
between sky and sea

CRESCIMENTO

As minhas duas horas da manhã
transformaram-se
em séculos
de tanto as desejar,
de tanto que as cantei

Deixaram de ser minhas
e como filho grande
entram incontroladas pelo tempo,
namoram outros tempos,
outras vozes.

Somadas meias horas,
dizem-se às vezes três:
súbito casamento consumado
e a casa cheia
em séculos.

GROWTH

My two o'clock in the morning
was transformed
into centuries
because I so longed for it
so sang for it.

It stopped being mine
and like a grown child
it plunges into time,
falls in love with other times,
other voices.

Add on a couple of half hours,
and it thinks it's three o'clock:
a marriage quickly consummated
and the house full
of centuries.

MODULAÇÕES E CANTOS

Num ramo como fio
perfeito em proporção
para o seu peso
suspendeu mesmo agora
a sinfonia

Não sei que pensamento,
que paixão
que desmesura assim o atravessa
e o faz permanecer
em onda de silêncio
modulado:

Um amor aqui perto,
neste pinheiro alto e muito esguio,
ou só o desafio
de não cantar,
a desmedida de não ser
igual?

Contra o recorte nítido
do sol voou
perplexo e belo

Deixando o fio mais leve
os sons emaranhados
num novelo
a folha quase branca
a oscilar

MODULATIONS AND SONGS

On a branch like a thread
perfectly in proportion
to its weight
it stopped just this second
the symphony

I don't know what thought,
what passion
what excess pierces it
and makes it linger
on that wave of modulated
silence:

A lover nearby,
on that tall, very straight pine tree,
or merely the challenge
of not singing,
the enormity of being
different?

Silhouetted against
the sun it flew
perplexed and beautiful

Leaving behind the slightest of threads
the sounds tangled
into a ball
a leaf almost white
trembling

PEQUENO DOCUMENTO

Um documento vivo
a mesa

Pulsando
inextricável
pelos nós da madeira

Árvores vivas
antes

Agora só fronteira
do pão
e da palavra:

SMALL DOCUMENT

A living document
the table

Pulsating
inextricably
through the knots in the wood

Once
a living tree

Now just a frontier
between bread
and word:

FROM *WHAT'S IN A NAME*

(2017)

MATAR É FÁCIL

Assassinei (tão fácil) com a unha
um pequeno mosquito
que aterrou sem licença e sem brevet
na folha de papel

Era em tom invisível,
asa sem consistência de visão
e fez, morto na folha, um rasto
em quase nada

Mas era um rasto
em resto de magia, pretexto
de poema, e ardendo a sua linfa
por um tempo menor
que o meu tempo de vida,
não deixava de ser
um tempo vivo

Abatido sem lança, nem punhal,
nem substância mortal
(um digno cianeto ou estricnina),
morreu, vítima de unha,
e regressou ao pó:
uma curta farinha triturada

Mas há-de sustentar,
tal como os seus parentes,
qualquer coisa concreta,

MURDER IS EASY

With my nail I murdered (so easy)
a small mosquito
that landed without permission and without a license
on this piece of paper

Dressed to be invisible,
its wings too insubstantial to be seen
and once dead on the paper, a trace
of almost nothing

But a trace
with a trick of magic, a pretext
for a poem, and though its lymph burned
for less time
than my life-time,
it was still
a time lived

Laid low by no spear, no dagger,
no mortal poison
(a dignified dose of cyanide or strychnine)
it died, the victim of a fingernail,
and returned to dust:
a brief floury powder

But it must contain,
like all its relatives,
something concrete,
in less than a hundred years, it will be
the same substance

será, daqui a menos de anos cem,
de uma substância igual

à que alimenta tíbia de poeta,
o rosto que se amou,
a pasta do papel onde aqui estou,
o mais mínimo ponto imperturbável
de cauda de cometa—

as feeds a poet's tibia,
a face once loved,
this piece of paper pulp on the desk before me,
the tiniest most imperturbable point
on a comet's tail—

NÚ: ESTUDO EM COMOÇÃO

Em que meditas tu
quando olhas para mim dessa maneira,
deitada no sofá
diagonal ao espaço onde me sento,
fingindo eu não te olhar?

Em que pensa o teu corpo
elástico, alongado,
pronto a vir ter comigo
se eu pedir?

As orelhas contidas em recanto,
as patas recuadas,
o que atravessa agora o branco dos teus olhos:
lua em quarto-crescente,
um prado claro?

E quando dormes, como noutras horas,
que sonhos te viajam:
a mãe, a caça, a mão macia, o salto
muito perfeito
e alto, muito esguio?

Onde: a noite sem frio
que nos abrigará
um dia

e que há-de ser
(só pode ser)

igual?

NUDE: A STUDY IN POIGNANCY

What are you thinking about
when you look at me like that,
as you lie on the sofa,
diagonal to the place I sit,
with me pretending not to look at you?

What is your body thinking about,
your long, elastic body,
ready to come to me
if I call?

Ears slightly pricked,
paws furled,
what can you see now in the whites of your eyes:
a crescent moon,
a pale meadow?

And when you sleep, at other times,
what dreams travel through you:
your mother, a mouse, a soft hand, a leap
so perfect
and high, so lithe?

Where: the uncold night
that will one day
shelter us

and that will
(as it must)
be the same for both?

COMUNS FORMAS OVAIS E DE ALFORRIA:
OU OUTRA (QUASE)
CARTA A MINHA FILHA

Foi de repente,
eu semi-reflectida por janela oval:
uma emoção que me lembrou o dia
em que disseste inteiro o nome do lugar onde vivíamos
sem lhe trocar as letras de lugar

No céu visto daqui,
desta janela oval e curta de avião,
mais de vinte anos foram
por sobre a linha azul daqueles montes
e esse recorte puro
dos verbos conjugados no presente errado,
mas as palavras certas

Ainda hoje,
não me é fácil falar-te em impiedade,
ou nisso a que chamamos mal,
e que existe, e emerge tantas vezes
da idiotia mais rasa e primitiva

Dizer-te unicamente destas coisas
neste poema a ti
seria como assaltar a própria casa,
queimar móveis e livros,
matar os animais que como nós a habitam,
estuprar a calma que por vezes se instala
na varanda

ABOUT SIMPLY OVAL SHAPES AND LETTERS
OF MANUMISSION: OR ANOTHER (ALMOST)
LETTER TO MY DAUGHTER

It happened suddenly,
me half-reflected in an oval window:
an emotion that reminded me of the day
when you first said the name of the place where we lived
without misplacing the letters

In the sky seen from here,
from this small oval airplane window,
more than twenty years have flown past
over the blue line of those hills
and the clear-cut outline
of verbs conjugated in the present imperfect,
perfectly worded

Even today,
I find it hard to talk to you of cruelty,
or of what we call evil,
and which exists and so often emerges
out of the basest, most basic idiocy

To speak to you solely of such things
in this poem for you
would be like burgling our own house,
burning furniture and books,
killing the animals who live with us there,
violating the peace that sometimes fills
the balcony

Deixo-te só
a desordem maior do coração
sentida há pouco dessa janela oval,
os momentos raríssimos,
como só os milagres se diz terem,
e que às vezes cintilam:

cósmicas cartas de alforria que nos podemos dar,
nós, humanos aqui:

Só isto eu desejava para ti
e nesta quase carta—

I leave you only
my heart's great tumult
felt just now at this oval window,
one of those rarest of rare moments,
which, it's said, occur only in miracles,
and which still sometimes glitter forth:

cosmic letters of manumission that we have the power to bestow,
we humans here:

That is all I would wish for you
in this almost-letter—

ABANDONOS

Deixei um livro
num banco de jardim:
um despropósito

Mas não foi por acaso
que lá deixei o livro, embora o sol estivesse quase
a pôr-se, e o mar que não se via do jardim
brilhasse mais

Porque a terra, de facto, era terra interior,
e não havia mar, mas só planície,
e à minha frente: um tempo de sorriso
a desenhar-se em lume,
e o mar que não se via (como dizia atrás)
era um caso tão sério, e ao mesmo tempo
de uma tal leveza, que o livro:
só ideia

Essa sim, por acaso, surgida num comboio
e nem sequer foi minha, mas de alguém
que muito gentilmente ma cedeu,
e criticando os tempos, mais tornados
que ventos, pouco livres

E ela surgiu, gratuita,
pura ideia,
dizendo que estes tempos exigiam assim:
um livro abandonado
num banco de jardim

ABANDONINGS

I left a book
on a park bench:
how foolish

But it was not by chance
I left the book, even though the sun was almost
setting, and the sea, invisible from the park,
was shining ever brighter

Because the earth, in fact, was an inner earth,
and there was no sea, only a plain,
and ahead of me: a time of smiles
traced in fire,
and the sea (invisible as I said before)
was such a serious matter and at the same time
so frivolous, that the book:
pure idea

An idea that did, purely by chance, appear on a train
and wasn't even mine, but someone else's
who very kindly gave it to me,
criticizing these trammeled times of ours, more tornadoes
than winds

And there it was, for free,
pure idea,
saying that this is what the times demanded:
a book left
on a park bench

E assim se fez,
entre o comboio cruzando este papel
impróprio para livro,
e o tempo do sorriso

(que aqui, nem de propósito,
existe mesmo, juro, e o lume de que falo mais acima,
o mar que não se vê, nem com mais nada rima,
e o banco de jardim,
onde desejo ter deixado o livro,
mas só se avista no poema, e livre,
horizontal
daqui)

And so it was,
between the train crossing this piece of paper
unsuitable for a book,
and that time of smiles

(which does, incidentally,
really exist, I swear, as does the fire
and the invisible sea, with which nothing will agree,
and the park bench,
where I wish I had left the book,
but it's only to be seen from here
in this poem,
for free,
on the horizon)